フリーランス＆個人事業主
経理のさばき方

いちばんラクする！

自分で青色申告ができる！
青色申告65万円控除 に対応

和田茂夫・著　久保豊子・監修

● 注意事項 ●
ご購入・ご利用の前にご一読ください！

- 本書に記載されている情報は平成29年9月時点のものです。最新情報は、国税庁ホームページ（https://www.nta.go.jp/）や税務署などの関係機関にてご確認ください。

- 本書は情報の提供のみを目的としています。本書の運用は、お客様ご自身の責任と判断によって行ってください。本書の運用によっていかなる損害が生じても、技術評論社および著者、監修者は一切の責任を負いかねます。

- 本書の内容を超えるご質問や、個別の経理、会計、税務に関するご相談にはお答えすることができません。あらかじめご承知おきください。

フリーランス＆個人事業主の経理とは？
――会社を辞めてフリーライターになったショウタ君の場合――

00 マンガの解説

ショウタ君は経理のドシロウトなので、
マンガの中で言っていることの中には誤解や、
思い込みがたくさんあります。
本文に入る前に、少し解説を加えておきましょう。

 ### 経理って何でこうメンドイの？

　フリーランスや個人事業主の方にとって、最大の悩みのひとつが「経理（けいり）」ではないでしょうか。ほとんどの方にとっては未経験の事務で、ワケがわからない、できればしないで済ませたい……。
　でもそれは不可能です。どんな税務申告（ぜいむしんこく）の方法をするにしろ、事業を行って所得のある方にはすべて、申告のために経理をする、そして帳簿（ちょうぼ）を記帳し保存する義務があります。
　ちなみに、副業として行っている方でも、副所得（ふくしょとく）が20万円を超えると確定申告が必要です。

 ### チャチャッと経理をさばく方法はないの？

　本業の仕事をしたいのに、経理に時間をとられる。会計ソフトを使ったり人に頼んだりすれば、お金もかかる……、ショウタ君流に言えば「カンタンにさばく」方法がないかと考えるのはわかります。

 ### えっ、ライター業などは経理がカンタン!?

　実は、ショウタ君のような仕事の形態では、経理はたいして難しくありません。一般の会社の経理に比べて、省略できる事務や手続きがたくさんあるからです。

たとえば「減価償却」「棚卸」「源泉徴収」「給与計算」などなど。これは、ショウタ君のようなライター業だけではなく、デザイナー、エンジニア、アフィリエイター、カメラマンなどの方も同じ。もちろん、ウェブライターやウェブデザイナーなどの方にも同じことが言えます。

本当にそんなウマい話が……

たしかに、本式の簿記──複式簿記で経理をしようと思えば、専門的な知識や本格的な帳簿、その記帳事務が必要になります。

でもご安心ください。税務署は、正規の簿記でなくても「標準簡易帳簿をベースとする」「正規の簿記に従った記帳方法」というものを、認めてくれているのです。

本書で紹介するのは、その方法です。本書では、表計算ソフトのExcelと、100円ショップでも売っている伝票や事務用品を使います。

ふーん、青色申告もできるんだ

フリーランスや個人事業主の方が所得税の申告をするには、「白色申告」と「青色申告」の2つの方法があります。本書で紹介する方法は、両方に対応が可能です。でも、青色申告にはおトクな特典が満載ですから、どうせ経理をして申告するなら青色申告をおすすめします。本書によって、フリーランス＆個人事業主の方々が経理の心配や、時間的・金銭的な負担から解放され、本業のお仕事に専念できることを願っています。

2017年9月吉日

久保 豊子＆和田 茂夫

この本の使い方

この本で紹介する経理の方法には、「そのつどすること」「ときどきすること」「年に一度すること」の3種類があります。
ぜひ、次のようにして使ってみてください。

最初の1回はこの本を読みながら

　最初は、Excelの前でこの本を開いて、画面と本の両方を見ながら操作してみることをおすすめします。内容が理解しやすく、操作は覚えやすくなることうけあいです。

　読者特典の「帳簿Excelブック」をダウンロードした方には、各シートのつくり方の説明などが不要に思えるかもしれません。しかし、シートを見ながら一読していただくと、シートの構造などが理解しやすくなります。

次からは「簡単マニュアル」を見ながら

　巻末に「『そのつどすること』簡単マニュアル」「『ときどきすること』簡単マニュアル」を用意しました p.202, 203 。それぞれの手順だけを、簡単にまとめてあります。

　一度、この本を読みながら操作してみた後は、この簡単マニュアルを見ながら操作するとよいでしょう。わからないところがあったら、そこだけ本文を読み直すだけで済みます。

慣れたら何も見ないで

　何回か操作しているとそのうち、何も見ないでも操作できるようになるはずです。

　ただし、たまにしか必要のない操作など、わからない箇所が出てくるかもしれません。そのときは目次のほか、巻末の索引でもわからない箇所の説明を探してみてください p.204 。

「帳簿Excelブック」の ダウンロード方法

この本をご購読いただいた方の特典として、作成済み「帳簿Excelブック」のダウンロードサービスを用意しました。帳簿を作成する時間のない方、ご自分で作成する自信のない方などは、こちらをご利用ください。

「帳簿Excelブック」は技術評論社のサイトでダウンロードできます

　ブラウザのアドレスバーに、以下のURLを入力してください。帳簿を新規に作成するための空欄の帳簿と、この本で使用した設例が入力された帳簿の2つのファイルがダウンロードできます。

http://gihyo.jp/book/2017/978-4-7741-9287-1/support

ダウンロードにはパスワードが必要です

　アクセスIDとパスワードの入力を求められるので、以下を入力してください。

アクセスID：rakukeiri
パスワード：ti75fs2

「帳簿Excelブック」はExcel2007以降のバージョンで利用できます

　それ以外のバージョンのExcel、およびその他の表計算ソフトでの動作は保証いたしません。
　ただし、この本で使用する「帳簿Excelブック」はとてもシンプルなので、ある程度Excelの操作ができる方は、表計算ソフトの種類やバージョンに関係なく、本文の説明に従って作成、利用することができるでしょう。

Contents

注意事項………3
巻頭マンガ「フリーランス＆個人事業主の経理とは？」………4

00 マンガの解説………8

この本の使い方………10
「帳簿Excelブック」のダウンロード方法………11

PROLOGUE 経理をカンタンにさばく方法、あります

01 個人でも「経理」をしなくてはいけません………20

02 仕事で払ったお金はたいてい「経費」になります………24

03 おすすめは「青色申告」、絶対におトクです………26

04 それでは「青色申告者」になる方法って？………28

05 経理をカンタンに「さばく」ためのポイント………32

STEP 1 さあ、経理を始めましょう

06 まず、経理のさばき方の手順を押さえましょう………38

07 意外にカンタン、「正規の簿記」の考え方………44

08 「現金出納帳」「預金出納帳」をつくりましょう………48

09 あなたの「売上」はいつ計上する?………50

10 ここで必要になる「事業主借」と「事業主貸」………54

11 ポイントは「勘定科目」、いろいろな経費のさばき方………58

12 こんな「経費」も忘れずにチェック………62

Contents

STEP 2 帳簿、伝票、領収書のカンタンなさばき方

13 ポイントは経費の並び、現金出納帳などのつくり方………68

14 「経費帳」をつくりましょう………72

15 「売掛帳」「売上帳」をつくりましょう………74

16 領収書などのファイルをつくりましょう………78

17 「伝票」は何と何を用意する?………80

18 仕事用のサイフを分けましょう………82

STEP 3 「現金出納帳」に入力しましょう

19 現金の入出金はそのつど「現金出納帳」に入力………88

20 入力したら経費帳にコピー&貼り付けしましょう………90

21
ポイントは領収書。そのつどの「経費」のさばき方……94

22
領収書のない出費は「出金伝票」にメモ……104

23
現金の入金は「入金伝票」で記録……106

STEP 4 「預金出納帳」の入力と領収書などの整理

24
預金の入出金はときどき「預金出納帳」に入力……110

25
預金出納帳から「経費帳」にコピー＆貼り付け……114

26
報酬の入金は「売掛帳」か「売上帳」にも記録……116

27
売掛金が入金していたら「売掛帳」にコピー＆貼り付け……120

28
売上が入金していたら「売上帳」にコピー＆貼り付け……124

29
いちばんカンタンな領収書保管のしかた……128

Contents

STEP 5 年に一度、「決算」をしましょう

30 決算はこの手順で進めます……132

31 帳簿を「締切り」ましょう……136

32 「仕訳帳」と「元帳」をつくりましょう……140

33 「特定勘定元帳」にまとめましょう……144

34 源泉徴収された分もまとめましょう……148

35 未払いの経費があったらここで計上……150

36 経費から「家事分」を除きましょう……156

37 「試算表」ができたら決算は終わったも同然……162

38 「貸借対照表」「損益計算書」をつくりましょう……172

STEP 6 始める前に これだけはしておくこと

39 青色申告をするなら「所得税の青色申告承認申請書」……180

40 事業を始めるなら「個人事業の開業届出書」……184

41 家族に給与を払うなら「青色事業専従者給与に関する届出書」……186

EPILOGUE 「確定申告」をしましょう

42 確定申告、することはこんなこと……190

43 確定申告をした後にすること……198

44 フリーランス&個人事業主はこんな税金を納めます……200

「そのつどすること」簡単マニュアル……202
「ときどきすること」簡単マニュアル……203
索引……204

PROLOGUE

経理をカンタンにさばく方法、あります

01 個人でも「経理」をしなくてはいけません ………20

02 仕事で払ったお金はたいてい「経費」になります ………24

03 おすすめは「青色申告」、絶対におトクです ………26

04 それでは「青色申告者」になる方法って? ………28

05 経理をカンタンに「さばく」ためのポイント ………32

01 個人でも「経理」をしなくてはいけません

会社でもないのに何で、という疑問はもっともですが、
ちゃんと理由があるし、トクをすることもあります。
その理由やメリットを知っておくと、
経理をするモチベーションも上がるというものです。

「事業所得」がある人には記帳・保存の義務がある

　きちんと帳簿をつけて、事業の経費や収入、事業で使っている資産や、借りている負債がわかるようにしておく事務が「経理」です。
　フリーランス＆個人事業主でも、経理をしなくてはいけません。

何でしなくちゃいけないの？　その時間、仕事したいのに……

　フリーランス＆個人事業主の方が得る収入は、たいてい「事業所得」というものにあたります。事業所得にあたる収入がある人は、白色申告でも青色申告でも、帳簿に必要な内容を記帳して、保存しなければならないのです。
　つまり、日本中のフリーランス＆個人事業主のほぼ全員に、記帳と帳簿保存の義務があると言ってよいでしょう。
　より正確に言えば、所得税などの申告が必要ない人でも、記帳・保存の義務はあります。要するに、どうやっても経理を避けて通ることはできないわけですね。

フリーランス＆個人事業主が経理をするメリットとは

　それでは、経理をするとどんなイイコトがあるでしょう。
　最大のメリットは、経理をちゃんとして翌年に確定申告をすると、税金が戻ってくる場合があることです。

事業所得がある人の記帳と保存の義務

記帳する内容
売上などの収入や経費の支払いなどに関する
年月日、相手方の名称、金額など

帳簿・書類の保存期間

保存が必要なもの		白色申告	青色申告
帳簿	元帳、現金出納帳、売掛帳、経費帳など	7年	7年
	その他の帳簿		—
書類	決算関係の損益計算書、貸借対照表など	5年	原則7年
	現金・預金取引に関する領収書、預金通帳など		
	その他の請求書、契約書など	5年	

このように記帳・保存しなければなりません

そうそう、確定申告をしたら税金が戻ってきました

　ショウタくんだけではありませんよ。ライターやデザイナーなどの方はたいてい、税金が戻ってくるはずです。というのは、たとえば、原稿料やデザイン料といった報酬は、個人であれば所得税と復興特別所得税が天引き(源泉徴収)されて支払われます。

21

でも、確定申告の段階ではさまざまな「所得控除」や「税額控除」が受けられるので、実際の税額を計算すると、源泉徴収された税額を下回る場合がほとんどなのです。

　そうすると、徴収され過ぎていた税金が「還付金」として戻ってくるというわけです。

● 経理をすれば「経営状況」がわかる

　メリットはほかにもあります。ちゃんと経理をしていると、儲かっているのか赤字なのか、会社で言うところの「経営状況」がわかるのです。

　たとえば、ライターやデザイナーの仕事は、納品したらその場で報酬が支払われるというケースはほとんどありません。たいていは、翌月か翌々月の支払いです。

翌々々月払い、なんてのもありますよ

　そうなると、今年した仕事の報酬の支払いが来年、なんてケースはザラですね。その仕事のための交通費や資料代、宅急便代といった経費は今年、支払っているのに。

　これでは「赤字なのか黒字なのか、黒字ならどれくらいの黒字なのか」がわからないでしょう。

　経理をきちんとしていれば、赤字・黒字が正確につかめます。必要なら、年の途中で計算してみることもできるし、月単位でつかむこともできます p.178 。

● **青色申告なら赤字と黒字の相殺もできる**

ここまでは白色申告・青色申告共通の話ですが、青色申告ならさらに、今年の赤字を翌年以降に繰り越せるという特典もあります。

赤字を繰り越すってどういうこと？

翌年以降の黒字を、今年の赤字分で相殺して、その分の税金を安くできるってことです p.26 。

たとえば今年は20万円の赤字だったけど、来年は10万円の黒字になったという場合、今年は税金を払わなくていいとして、来年は、普通なら税金を払わなければなりません。

ところが青色申告だと、来年の黒字から今年の赤字を差し引いてくれるのです。黒字がゼロになって税金もゼロになるから、今年の赤字が来年、取り戻せますね。

こんなメリットもあるので、面倒に感じても、ちゃんと経理をするだけの見返りはあると言えるでしょう。

個人が経理をするメリット

- 確定申告をすればほとんどの場合、税金が戻ってくる
- 黒字なのか赤字なのか、正確につかめる
- 青色申告なら赤字と黒字の相殺もできる

面倒に感じても経理をするだけのメリットはありますね

02 仕事で払ったお金はたいてい「経費」になります

それでも帳簿をつけるのはメンドそうという、そこのあなた。
大丈夫、フリーランス＆個人事業主の方の帳簿つけは、
とてもカンタンに済むことが多いのです。

 収入は「売上」と「売掛金」だけで済む

　帳簿つけが簡単に済む理由は、在庫が必要ないタイプの仕事では収入はほとんどが「売上」、一部「売掛金」という単純なものになるからです。

 でも確定申告で使う書類には「仕入金額」とか「売上原価」とか、メンドそうな用語が……

　それは販売業など、在庫を持つ仕事の人向け記入欄です。在庫がない仕事では、売上金額と売掛金だけの記入で済みます。
　ちなみに、製造業では「製造原価」の計算というものも必要になりますが、ライターやデザイナーなどといった仕事ではこれも不要です。

● **仕事のための支出はすべて「経費」になる**

　そして、事業用の固定資産を持たないようにすれば、仕事で支払ったお金はすべて「経費」になると思っていいでしょう。
　もちろん、「旅費交通費」「通信費」といった分類は必要ですが、これは常識の範囲でできる分類なので、問題はありません。

経費をもれなく計上すれば税金が安く済む

　経費をきちんともれなく記帳して、それで確定申告をすることはとても大事です。

　なぜなら、大ざっぱに言うと所得税等は、収入などの金額から経費を引いた「所得」の金額に対してかかるからです。

　ということは……。

 経費が多いほど税金は安くなる!?

　そのとおり。経費をムダに多くする必要はありませんが、仕事で支払ったお金（経費）はきちんともれなく記帳し、計上することです。そうすればその分、税金が安く済む——正確に言えば、ムダな税金を払わなくて済むということですね。

　そのためにも、経理をきちんとすることは大切です。

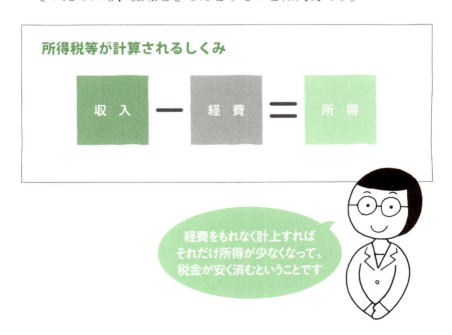

所得税等が計算されるしくみ

収入 － 経費 ＝ 所得

経費をもれなく計上すればそれだけ所得が少なくなって、税金が安く済むということです

03 おすすめは「青色申告」、絶対におトクです

個人の経理では1年のゴールは税金の申告。
個人が所得税を申告するには
「白色申告」と「青色申告」の2つの方法があります。
ゴールをどちらにするかで、経理の方法も違ってきます。

 最大65万円の「青色申告控除」がある

　青色申告は、所得税を正しく計算して申告するために、一定水準の記帳が求められる制度です。一定水準の記帳にもとづいて申告をすると、税金の面でさまざまな特典が受けられます。

 フムフム、どんな特典があるのかな？

　最大の特典は「青色申告特別控除（あおいろしんこくとくべつこうじょ）」として、申告する所得から最大65万円が差し引けることでしょう。これがあると、税率10％の場合で約6万5000円、税金が安くなる計算です。

● **赤字を翌年以降に繰り越せる**

　青色申告では、難しく言うと「純損失の繰越しと繰戻し（じゅんそんしつ　くりこし　くりもどし）」という制度も利用できます。簡単に言うと年度をまたいで、赤字と黒字が相殺できるというものです。
　今年、赤字だったら翌年以降3年間、黒字の年の所得から赤字分を差し引いて、その分の所得税等を安くできます（純損失の繰越し）。
　また、前年も青色申告で黒字だったら、今年の赤字を前年に繰り戻して前年の所得税の還付を受けることが可能です。

> **フリーランス＆個人事業主向きの主な特典**
>
> - 青色申告特別控除（最大65万円）
> - 純損失の繰越し（翌年以後3年間）と繰戻し（前年）
> - 少額減価償却資産（30万円未満）の経費参入

30万円未満の固定資産を経費にできる

　PCや机、椅子といった固定資産は、10万円以上だと通常、一度に経費にすることができません。減価償却という手続きで、何年かかけて経費にするのです。

　しかし青色申告をする人は、青色申告決算書の中に記載すれば、30万円未満、年間合計300万円まで一度に経費にすることができます。

　固定資産台帳の記帳や減価償却の事務が省略できるほか **p.32**、経費が一度に増えるため、その年の所得税等を安くできるのがメリットです。

 ふーん、そのほかにはどんな特典が？

　そのほか、貸倒れに備えて準備する「貸倒引当金」を経費にできる、一緒に働く家族を「青色事業専従者」として届け出て、給料を経費にできるなどの特典があります **p.186**。

　これらはライターやデザイナーなどの方には、あまり必要がないかもしれませんが。

04 それでは「青色申告者」になる方法って？

青色申告をする——青色申告者になるには、
もちろん条件があります。
そのポイントは「一定の水準で記帳」。
では、どんな記帳をすればよいのか、ザッと見てみましょう。

「一定の水準で記帳」する

　前ページで見たように大きな特典があるのが青色申告ですから、これをしない手はないでしょう。

 でも、青色申告って難しいんでしょ？

　一言で言えば、「一定の水準で記帳」を行うってことですね。これは「正規の簿記の原則（一般的には複式簿記）」による記帳とされていますが、「簡易帳簿」で記帳してもよいことになっています。
　標準的な簡易帳簿とは、次のようなものです。

> ❶現金出納帳　　❷売掛帳　　　❸買掛帳
> ❹経費帳　　　　❺固定資産台帳

　帳簿を記帳するだけで、青色申告の特典のほとんどは受けられます。しかし、これだけでは最高65万円の青色申告特別控除は受けられません。最高10万円の控除になってしまいます。
　その理由は、上記だけでは預金や手形といったものが記録できないからです。

● この記帳方法なら65万円の特別控除

そこで、標準的な簡易帳簿に加えて次のような帳簿を記帳すると、最高65万円の青色申告特別控除が受けられるようになります。

❻預金出納帳　❼受取手形記入帳　❽支払手形記入帳
❾特定取引仕訳帳　❿特定勘定元帳

これが「(標準簡易帳簿をベースとする)正規の簿記の原則に従った記帳の方法」で、本書でおすすめするのはこの方法です。

整理してみると、下の図のようになります。

記帳の方法と青色申告の特典の関係

記帳の方法		青色申告の特典	
青色申告	複式簿記	最高65万円の青色申告特別控除	そのほかの青色申告の特典
	正規の簿記の原則に従った記帳の方法		
	簡易帳簿	最高10万円の青色申告特別控除	
白色申告		なし	

「青色申告承認申請書」を提出する

　青色申告は、事前に税務署への申請も必要です。

　青色申告をしようとする年の3月15日までに（1月16日以後に事業を開始した場合は事業開始の日から2ヵ月以内に）、「所得税の青色申告承認申請書」を納税地の所轄税務署長宛てに提出します p.180 。

じゃあ、3月15日以降だと青色申告できるのは来年から？記帳は来年から始めればいいんだ

　そうとも言えますが、今年の青色申告ができなくても、来年の予行のつもりで記帳を始めてみてはいかがでしょう。

　どうせ白色申告でも、記帳と保存は義務なわけですし p.20 。

　一度、青色申告承認申請書を提出すると、取りやめるには別の届出書の提出が必要になるし、そうなると再度、申請しても認められないこともあります。

　だからいきなり申請書を提出して、ぶっつけ本番で記帳を始めるのは不安ですよね。

　年の途中からでも予行演習をしておけば、来年は安心して申請書を出せるというものです。

Memo

「複式簿記」ってどういうもの？

　複式簿記は、ひとつの取引（簿記で記録する事柄を「取引」といいます）を、「仕訳」という作業で、「借方」「貸方」という2つの側面に分けて記録するのが特徴です。借方と貸方——貸借の金額は必ず一致するので、自動チェック機能が働きます。

　取引が発生すると、次のような流れで最後には「貸借対照表」「損益計算書」という決算書を作成するのです。

　標準簡易帳簿をベースとする方法では、このうちの仕訳と元帳の働きを簡易帳簿とそのほかの帳簿に持たせています。

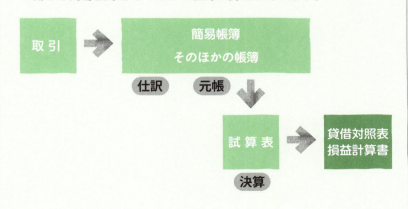

05 経理をカンタンに「さばく」ためのポイント

とは言え、簡易帳簿をベースとする方法でも
結構な数の帳簿がありますね。
でも大丈夫、ライターやデザイナーといった仕事の
フリーランス＆個人事業主には、省略できる帳簿がたくさんあるのです。

経理の「帳簿」を減らすポイント

前にふれたように標準簡易帳簿をベースとする方法では、一般的に右のような帳簿が必要とされます。

帳簿の数が多くて気が遠くなりそう……

では、帳簿の数を減らす方法をお教えしましょう。と言っても、ライター、デザイナー、エンジニア、アフィリエイターといった仕事では、簡単にできることばかりなのですが。

● 仕事用の「固定資産」を持たない

具体的には仕事用として、30万円以上の機材やクルマなどを買わないということですね。青色申告の特典として、30万円未満のものは一度に経費として処理ができますから、通常の「固定資産」にはなりません。

固定資産を持たなければ、帳簿のうち「固定資産台帳」が省略できます。

また、面倒な「減価償却」の計算もしなくて済むのです。減価償却とは毎年、固定資産の価値が減っていく分、帳簿の価額を減らし、減価償却費として償却する処理です。固定資産の耐用年数に応じて、償却率が決まっていて……。

青色申告の簡易帳簿の例

- 現金出納帳　● 売掛帳　● 買掛帳　● 経費帳
- 固定資産台帳　● 預金出納帳　● 受取手形記入帳
- 支払手形記入帳　● 特定取引仕訳帳　● 特定勘定元帳

でも、30万円以上の機材が必要な人もいるんじゃ？

それなら、こういう方法もありますよ。

Memo

「固定資産」が仕事で必要になったら

　PCやクルマなど、30万円以上のものが必要になったら、リースを検討してみてはいかがでしょう。リースの料金は「リース料」や「賃借料」として、普通の経費と同様に処理できます。もちろん、リースでは固定資産台帳や減価償却の計算も不要です。

帳簿を減らすポイントに話を戻します。

● **手形を受け取らない、振り出さない**

　これもフリーランス＆個人事業主には当たり前、と言うより「手形取引をしろ」というほうが難しいかも。
　手形取引がなければ、「受取手形記入帳」「支払手形記入帳」が省略できます。つまり、フリーランス＆個人事業主の方のほとんどは、もともと、この2つの帳簿が必要ないのです。

● **在庫を持つビジネスをしない**

　たとえば仕事の関係で、よい商品を見つけたのでネット通販を始める──といったことをしてはいけません。商品の販売を始めると、仕入はたいていの場合、後払いになります。
　つまり買掛けが発生するわけですね。そうなると「買掛帳」の記帳が必要になります。
　現金で買うことにして買掛けをしなくても、商品の在庫を持つことになるでしょう。
　そうなると、期末には「棚卸」という手続きをして「売上原価」を計算し……などなど、面倒な経理が急増するはず。
　そもそも、売上の件数が激増して、カンタンに経理をさばくことはできなくなるでしょう。

企画の在庫は持ってもいいんでしょ？

　実現していない企画には、資産としての価値はありませんからね。デザインの在庫、アイデアの在庫なども大歓迎、どんどん持ってください。
　さてこれで、帳簿は「現金出納帳」「売掛帳」「経費帳」「預金出納帳」まで減りました。「特定取引仕訳帳」「特定勘定元帳」も必要ですが、これは期末だけのことなので p.42 、ふだんは忘れていて大丈夫です。

34

フリーランス＆個人事業主の帳簿を減らした例

- 現金出納帳　●売掛帳　●買掛帳　●経費帳
- 固定資産台帳　●預金出納帳　●受取手形記入帳
- 支払手形記入帳　●特定取引仕訳帳　●特定勘定元帳

最後の2つの帳簿は期末だけ使うのでふだんは忘れて大丈夫

経理の事務を減らすポイント

　帳簿の数は増えたくても、経理などの事務を増やしてしまう事柄があります。
　今度はそちらを見ておきましょう。

● 人を雇わない、人に仕事を頼まない

　人を雇って給料を払うときは、「給料賃金（きゅうりょうちんぎん）」という経費で処理します。それはいいのですが、給料からは所得税などを源泉徴収しなければなりません。
　源泉徴収した税金は「預り金」などとし、原則として翌月10日までに納付する義務があります。
　また税金ではありませんが、1人でも雇えば労働保険などへの加入も義務です。当然、給与計算事務も必要になります。

じゃあ、下請けで仕事を頼むのはいいの？

　その場合は「外注工賃(がいちゅうこうちん)」という経費になります。給与計算や社会保険事務は避けられますが、報酬からは所得税などの源泉徴収をしなければなりません。預り金処理や納税事務は、避けられないわけです。
　どうしても1人ではこなせない、人に頼みたいというときは、仕事の発注元に頼んで、報酬を分けて支払ってもらいましょう。これなら、源泉徴収事務は発注元でしてもらえます。

● **消費税の課税事業者にならない**

　具体的には、売上（課税売上高(かぜいうりあげだか)）が1,000万円を超えないことです。1,000万円を超えると翌々年から消費税の課税事業者(かぜいじぎょうしゃ)となり、消費税の経理処理が必要になります p.201 。

売上を増やすなって、そんな殺生な〜

　と言うか、売上が1,000万円を超える規模になったら、経理をカンタンにさばこうなどと考えている場合じゃないってことです。
　経理を人に頼んで自分は仕事に専念するとか、それこそ人を雇って下請けも頼んで、事業の拡大を考えたほうが合理的でしょう。

　それでは次のSTEPから、具体的な経理のさばき方の話に入ります。まずは手順を押さえて、全体の流れをつかむところから。

STEP 1

さあ、経理を始めましょう

- 06 まず、経理のさばき方の手順を押さえましょう………38
- 07 意外にカンタン、「正規の簿記」の考え方………44
- 08 「現金出納帳」「預金出納帳」をつくりましょう………48
- 09 あなたの「売上」はいつ計上する?………50
- 10 ここで必要になる「事業主借」と「事業主貸」………54
- 11 ポイントは「勘定科目」、いろいろな経費のさばき方………58
- 12 こんな「経費」も忘れずにチェック………62

06 まず、経理のさばき方の手順を押さえましょう

確定申告までは1年を超える長丁場。
慌てず焦らず、「そのつど」「ときどき」「年に一度」に分けて、
リラックスしながら経理を進めていきましょう。
その手順をご説明します。

 そのつど、現金出納帳などに入力

「そのつど」しておきたいのはレシートなどの保管と、現金出納帳などの入力です。これらは、時間が経つと忘れてしまうこともあるし、ため込むと面倒になりますから、そのつど処理してしまったほうがラクでもあります。

 え～、そのつどするのは面倒だなあ

それでは、自分の経費の使い方を思い出してみてください。それほど毎日、ボールペンなど買ったりしているわけではないでしょう？　原稿を書いている日は、交通費だって使わないかもしれない。

フリーランス＆個人事業主の方は、意外に記帳する件数が少ないものなのです。

ですから現金出納帳などは、支出した直後とまでは言わなくても、その次にPCの前に座ったときに処理してしまうのが、いちばんラクなやり方になります。

● **入力した行を経費帳にコピー**

ここでのポイントは、現金で経費を使ったら必ずレシートをもらうなど、紙の記録を残すこと。後で説明しますが、レシートのない出金や、現金の入金なども伝票等を使って紙に残すようにします　p.94

そして、そのレシートや伝票を見ながら現金出納帳に入力すれば、金額の間違いや入力もれも防げるのです。
　後で具体的に説明しますが、現金出納帳に入力した分はExcelのシートの行ごと、経費帳にコピーします p.90 。
　一方、レシートなどの整理・保存はそのつどやってもいいですが、「ときどき」することにして、とりあえず封筒などに保管でもかまいません。ここまでが、「そのつど」することです。

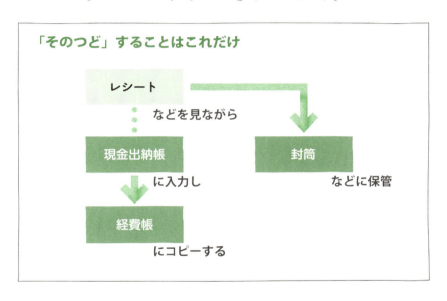

ときどき、預金出納帳などに入力

　次に、「ときどき」やりたいのが預金出納帳などの入力です。
　預金の入出金は毎日あるわけではないし、ついでの折に預金通帳を通帳記入して、それをもとに預金出納帳に入力するのが合理的でしょう。

　「ときどき」って、どれくらいの間隔で？

標準は1週間に一度くらいかな。預金の取引件数が多い人はもっと短くしてもいいし、件数が少ない人は2週間に一度などとしてもいいですね。

預金の紙の記録としては、通帳がベストです。ネットバンキングで入出金明細の記録をとることも考えられますが、紙として残そうとするとプリントアウトしなければなりません。

せっかく預金通帳というものがあるのですから、紙の記録はそれを利用したほうが簡単です。

● 入力した行を売上帳などにコピー

取引を記帳した預金通帳を見ながら、預金出納帳に入力します。電気代の引落しなどの経費の出金だったら、現金出納帳と同じく経費帳にコピー p.114 。

預金にはまた、仕事の報酬——売上の入金もあるでしょう。これは売掛帳か売上帳にもコピーしておきます。とくに、報酬から所得税等が源泉徴収されるフリーランス＆個人事業主の方は、ここで天引きされた源泉所得税等の計算ができるので便利です p.120 。

● レシートや伝票を紙に貼ってファイル

せっかくだからレシートや伝票の整理・保存も「ときどき」でやっておきましょう。

レシートや伝票はコピー用紙などにペタペタ貼って、ファイルに綴じておくのが簡単です p.128 。最初に説明したように、レシートなどは最低でも7年間保存の義務がありますが、この方法なら期末に、そのままファイルごと保存するだけで済みます。

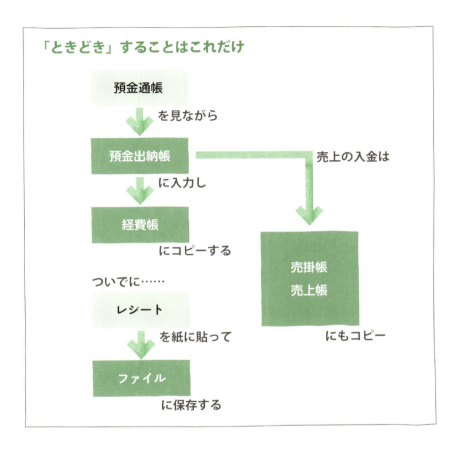

年に一度、決算をする

　以上のような調子で、12月31日までは「そのつど」「ときどき」を繰り返すだけです。簡単でしょう？
　年が明けたら「決算」を始めることができます。

● **水道光熱費などは家事分を按分**

　そこで年に一度、決算ですることですが、いちばん重要なのは自宅兼事務所にしている場合の「家事按分」でしょう。
　たとえば家賃などには、仕事に使っていない、プライベートなス

ペースの分が含まれています。電気代、水道代、ガス代といった経費には、仕事をしていないプライベートの時間に使った分が含まれているでしょう。

　こういった経費を、面積や時間といった基準で、事業に使った分と家事に使った分に按分するのが家事按分です。ですから、仕事専用の事務所を使っている人は、この経理処理が必要ありません。

● **仕訳帳、元帳から試算表へ**

　このほか決算では、未払いになっている経費の計上、源泉徴収されている所得税等の処理などを行います。

　ところで、こうした処理は、そのつど、ときどきで記帳していた帳簿ではできません。そこで、新しく「仕訳帳」という帳簿を追加して、その処理の結果は「元帳」という帳簿に記帳します。

　これが前に説明した、決算のときだけ使う「特定取引仕訳帳」「特定勘定元帳」ですね。

 え～、また帳簿を増やすの!?

　ほかの帳簿に記帳できない分だけだから、たいしたことはありませんよ。それに、これが終われば後は各帳簿の合計を集めて「試算表」という1表をつくるだけ。

　そして、試算表ができれば簡単な足し算引き算で「貸借対照表」「損益計算書」という決算書ができます。

　確定申告ができるわけですね。

「年に一度」決算ですること

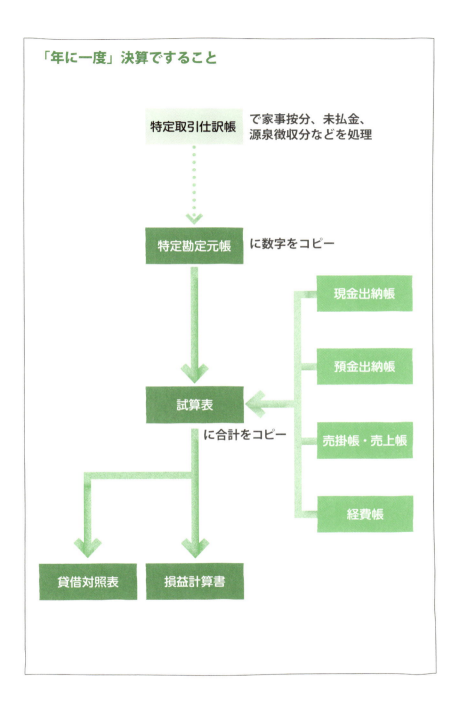

07 意外にカンタン、「正規の簿記」の考え方

前項で説明したような、
現金出納帳や預金出納帳などを使う方法で、
なぜ「正規の簿記の原則に従った記帳」ができるのか、
ここでそのしくみを理解しておきましょう。

複式簿記では「仕訳帳」と「元帳」への記入をする

前項で説明した手順は、「正規の簿記の原則」に従っています。ですから、青色申告 p.26 にも対応できるのです。

 それにしてはカンタン過ぎるような……

ではご説明しましょう。正規の簿記――複式簿記では、右の図上のように、仕訳帳を使って「仕訳」を行い、その結果を総勘定元帳や各種の補助簿などの「元帳」に記入します。

と言うと簡単そうに聞こえますが、実はここで簿記の知識が要求されるのです。と言うのも、仕訳帳も元帳も「摘要」「借方」「貸方」などと簡潔に欄がつくられただけの、まっさらな帳簿。自分の簿記の知識を頼りに、ゼロから記帳しなければならないからです。

● 仕訳帳の役割は現金出納帳などで

これに対して簡易帳簿を使うやり方では、現金出納帳や売掛帳（売上帳）、預金出納帳などに、仕訳帳の役割を持たせています。ですから仕訳帳（特定取引仕訳帳）を使うのは、それらの帳簿に記帳できない取引だけで済むわけです。

簡易帳簿を使う場合の考え方

複式簿記の方法

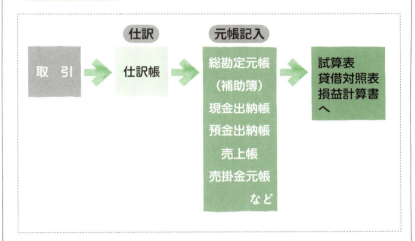

正規の簿記の原則に従った方法

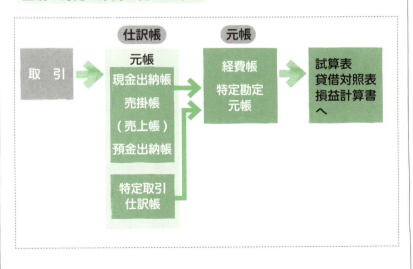

● 元帳の役割は経費帳などで

　さらに、前ページの図の下側のように、経費帳と元帳（特定勘定元帳）も含めて、元帳の役割を持たせています。そのため、複式簿記の補助簿の一部を使うだけで済み、総勘定元帳を使わずに済むのです。

どうしてそんなことが可能に……

　仕訳と元帳という、正規の簿記の原則に従っているからですよ。

 簡易帳簿でも仕訳、元帳ができる

　複式簿記の仕訳の基本は、ひとつの取引を2つの面からとらえるということです。たとえば、封筒を現金540円で買ったなら、①封筒代という費用が540円かかった、②現金が540円減った、というように。これが、仕訳の基本的な考え方です。

● 現金出納帳などで仕訳ができるワケ

　そこで現金出納帳について考えてみると、入金にしろ出金にしろ、現金出納帳では仕訳の一方は必ず現金になっています。ですから、仕訳のもう一方、たとえば封筒の金額を消耗品費の欄に記帳すれば仕訳の役割が果たせるのです。
　ちなみに複式簿記では、このような役割を果たす現金出納帳や預金出納帳も仕訳帳の一種ということから、「特殊仕訳帳」と呼ぶことがあります。

● 売掛帳などが元帳になるワケ

　次に、元帳というのは項目——正確に言えば「勘定科目」ごとに、すべての取引を記録した帳簿です。

そこで、たとえば売掛帳を見てみると、売掛帳に記録する勘定科目は売掛金、そして売掛金に関する取引はすべて記録してある——つまり、売掛帳は売掛金の元帳としての役割が果たせるということなのです。

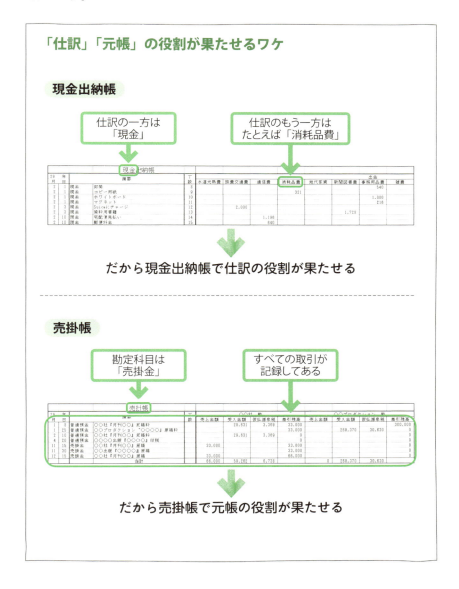

08 「現金出納帳」「預金出納帳」を つくりましょう

それでは手始めに、現金出納帳をつくりましょう。
本書の帳簿(「帳簿Excelブック」)は技術評論社のホームページからダウンロードできますが p.11 、
つくり方を知っておくと自分に合わせたアレンジもできます。

現金出納帳、預金出納帳、経費帳を同時につくる

　ここでのポイントは、現金出納帳と預金出納帳、それに経費帳も同時につくることです。と言うより、預金出納帳と経費帳のことを考えながら現金出納帳をつくり、項目名を預金出納帳と経費帳にコピーする、と言ったほうがわかりやすいでしょう。

 なんで、そんなことするんです？

　この方法でつくると、経費帳へのコピーが行ごとできるからです。数字だけコピーする場合に比べて、格段に作業がラク、しかも間違いが少なくなりますよ。

●「多桁式現金出納帳」をつくろう

　これからつくる現金出納帳は、複式簿記では「多桁式現金出納帳」と呼ばれるものです。わかりやすいので、個人事業主などには現在でも幅広く利用されています。
　欠点は、入金や経費の項目の数だけ桁（Excelのシートの列）をつくるので、横に長くなってしまうこと。
　でも、Excelでつくれば使い勝手は悪くありません。摘要と項目名の部分でウィンドウ枠を固定しておけば、間違いなく、ラクに入力できます p.89 。

多桁式現金出納帳の構造は

　ここでつくる多桁式現金出納帳の基本的な構造は、次のようになっています。

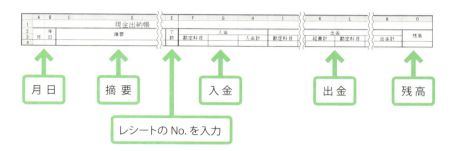

うわっ、経理の帳簿みたい……って、経理の帳簿かっ！

　列の幅とか、罫線のデザインとかは自由にしてかまいません。ここでは私の趣味で、昔の帳簿風にしています。

● 経費帳にコピーするために「経費計」を入れる

　この現金出納帳の基本構造は、入出金の内容を入力する「摘要」、入金の項目があって「入金計」、出金の項目があって「出金計」、そして「残高」です。
　出金の途中で「経費計」の小計を入れているのは、経費帳にコピーしたときに、ここまでが経費帳の内容になるからです。
　さて問題は、それぞれの項目名に何を入れるか、ですね。

09 あなたの「売上」はいつ計上する?

まず、現金出納帳や預金出納帳の入金欄から決めていきましょう。
入金欄で最大の金額になるのは、たぶん「売上」。
この売上、いつ、どの時点で記帳するか
という点も最大の問題になります。

「現金主義」にするか、「発生主義」にするか

現金出納帳・預金出納帳の入金欄は、一般的には次のような科目をつくれば間に合います。

「売上」と「売掛金」を分けておく

では、ひとつずつ説明しましょう。

「売上」と「売掛金回収」を分けなきゃいけないんですか?

そこがポイントです。でも、これを説明するには、あなたの売上をいつ記帳するかをまず決めなければなりません。

● 現金主義はカンタンでいいが……

売上だけでなく経費についても言えることですが、どの時点で記帳するかには、大きく分けて2つの方法があります。
ひとつは、現金や預金の入出金があった日付で記帳する方法。こ

れを「現金主義」と言います。

　もうひとつは、現金や預金の入出金に関係なく、実質的に売上や経費が発生した日付で記帳する方法で、「発生主義」と言います。

　たとえば、仕事を納品しOKの返事をもらって完了した日、クレジットカード払いで大きな買い物をした日、などの日付で記帳するわけですね。実際の入金や出金は、少し先になるでしょう。

「現金主義」ってほうがカンタンでいいな

　そうですね。でも、そういうわけにはいかないのです。現金主義では、いくらきちんと記帳しても、青色申告でも、65万円の特別控除 p.26 が受けられません。10万円の控除になってしまいます。

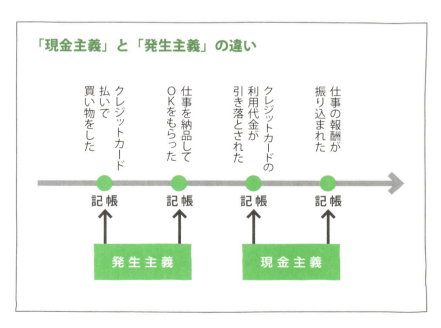

「現金主義」と「発生主義」の違い

● 発生主義でないと認められない

　発生主義の記帳が求められるのは、現金や預金の入出金に関係なく、取引を正確に把握するためです。

　発生主義でないと、何かを買って仕事で使っているのにそれが経費に計上されていない、逆に経費を使って仕事を納品したのに売上があがっていない、といったことが起こってしまいます。

　何しろ、実際に支払うまでは経費に計上されず、実際に入金するまでは売上に計上されないわけですからね。

 でも、発生主義でやるのは難しそうです……

　それも、もっともです。とくに、件数の多いアフィリエイトの収入や、少額の電子書籍の印税が多いといった場合には、フリーランス＆個人事業主の方の経理の手間はたいへんでしょう。

 「期中現金主義」「期末発生主義」でいきましょう

　そこでおすすめするのが、「期中現金主義」「期末発生主義」。期末と期首だけ発生主義で記帳して、それ以外は簡単な現金主義で記帳するという方法です。

　これならば、ふだんは現金主義で手間がかからないし、年間を通して見れば発生主義の記帳ができます。

● 期中現金主義・期末発生主義とは？

　この方法では、期首──1年のはじめにまだ入金していない前年の売上を「売掛金」として、売上とは別に把握しておきます。その分は前年の売上なので、入金しても売上とならず、売掛金の回収となるわけです。

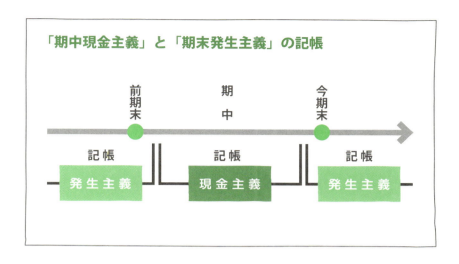

今年、納品した仕事の入金があってはじめて、それが売上になります。

一方、年末に近くなり、納品した仕事の入金が今年中はないとわかっても、売上に計上することが必要です。ただし、現金出納帳や預金出納帳には計上できないので、後で説明する売掛帳・売上帳に記録しておきます p.74 。

● 売上・売掛金の計上は「実現主義」で

さてこれで、入金欄の「売上」と売掛金が決まりましたね。売掛金のほうは勘定科目としては「売掛金」ですが、わかりやすく「売掛金回収」としておきましょう。

ちなみに、期末近くなって売上と売掛金を計上するときは、確実に売上になったとわかってからするようにします。原稿なら、校正まで済んで校了になってから。イラストなら、納品して「OK 直しなし」となってからですね。

売上などは、架空計上にならないよう、発生主義の中でもとくに厳しく見て計上します。これを「実現主義」と言います。期中の売上は入金があるので、その時点の計上で問題ありません。

10 ここで必要になる「事業主借」と「事業主貸」

現金出納帳や預金出納帳への入金は、売上関連だけではありません。
一時的に足りなくなって、
個人のサイフから穴埋めすることだってあるでしょう。
これをどう記帳するかと言うと……。

 売上関連だけではない入金のいろいろ

　50ページの入金欄をもう一度見てみましょう。

　売掛金回収の次には「現金預入れ」。これは現金出納帳で、事業用の現金が残り少なくなり、事業用の預金口座から引き出して入れたときに使う欄です。

　勘定科目としては「普通預金」、内容としては預金からの引き出しですが、ここでは「現金預入れ」としておきましょう。逆のケースで、現金から預金に入れた場合のために、出金欄に「預金預入れ」の欄をつくらなければなりませんので、それと対応した項目名にしておきます p.64 。

 「諸口」って聞いたことないけど、何ですか？

　「いろいろ」くらいの意味ですね。いろんな意味で使われますが、この場合は「その他」といった意味。つまり、欄をつくっていない入金があったときに使います。

● **個人のサイフから穴埋めしたら「事業主借」**

　そのほかには、どんな入金があるでしょうか。自分の去年の仕事を思い返してみましょう。

えーと、現金や預金が足りなくなって、自分のサイフから穴埋めした……とか？

　それはありえますね。そういうときのための項目が諸口の次、「事業主借(じぎょうぬしかり)」なのです。事業主のサイフや預金口座から、事業用の現金や預金にお金を入れたときなどに使います。

　そのほか、何かの都合で事業の経費を個人のサイフから支払った場合などにも使う欄です。

　つまり、借りと言うよりは、本来は個人の分のお金が、事業用のサイフや口座に入った場合に使うと思えばよいでしょう。

　ですから「借」という名前が付いていますが、通常は返してもらうことを予定していません。期末に、ほかと相殺して元入金(もといれきん) p.146 に組み込まれます。

「事業主借」を使うケース（例）

- 個人のサイフや口座から、事業用のサイフや口座に入金した
- 個人のサイフや口座から、事業用の経費などを支払った
- 事業用の普通預金口座に利息の入金があった

つまり貸し借りではなく個人のお金が事業用のサイフや口座に入ったということです

> **Memo**
>
> ## 普通預金の利息や還付金が入金したら
>
>
>
> 　前ページの図にもあるように、事業用に普通預金口座を使っていて利息が入金した場合にも、事業主借の欄（勘定科目）を使います。利息は事業によって生じた事業所得ではないので、事業主の収入になるからです。
> 　同じ理由で、確定申告をして所得税の還付金 **p.20** があり、入金したときも事業主借として記帳します。

事業用のサイフから引き出したら「事業主貸」

　事業主借があるからには、「事業主貸」もあります。もちろん、現金出納帳や預金出納帳では出金に入る項目ですが、事業主借と対比して、ここで見ておきましょう。

● **個人の生活費を引き出した場合は**

　事業主貸の項目は、事業主借よりも使うケースが多いかもしれません。なぜかと言うと、個人事業主には「給料」というものがないからです。

えーっ、個人事業主には給料がない!?

　「給料賃金」という勘定科目はあるのですが、これは人を雇って給料を支払ったときに使います。個人事業主は、給料としてお金を引き出すことはできません。
　とは言え、事業用の口座から生活費を引き出さないことには、個人事業主は生活ができないでしょう。

そこで、生活費を引き出したときなどは事業主貸の勘定科目を使うのです。

具体的には、出金欄の事業主貸欄に引出額を記帳することになります。

もちろん、何かの理由で事業用のサイフや口座から、個人の買い物をした場合なども事業主貸です。

● **決算で家賃などを家事按分した場合は**

そのほか、決算で家賃や水道光熱費などを家事按分したときの除外分 p.41 、報酬から源泉徴収された分の「仮払源泉税(かりばらいげんせんぜい)」を事業主貸にすることがあります p.148 。

「事業主貸」を使うケース（例）

- 事業用のサイフや口座から、個人のサイフや口座にお金を移した（生活費を引き出した）
- 事業用のサイフや口座から、個人の支出などを支払った
- 家事に関連する経費から家事分を除外した
- 源泉徴収された仮払源泉税があった

つまり事業主への貸しではなく、事業用のお金が個人のサイフや口座に入ったということです

STEP1 さあ、経理を始めましょう

11 ポイントは「勘定科目」、いろいろな経費のさばき方

現金出納帳や預金出納帳で、最も数が多いのが
「経費」の勘定科目です。
フリーランス＆個人事業主の経理を、
できるだけカンタンにする経費の分類を考えましょう。

いろいろある「経費」の勘定科目

次は、現金出納帳や預金出納帳の出金欄の勘定科目です。前に説明したように 、固定資産や在庫を持たないフリーランス＆個人事業主の場合、ほとんどの支出が「経費」になります。
「必要経費」とも言いますが、事業に必要な経費をもれなく計上するためにも勘定科目の分類が重要です。

 経費の勘定科目って、すごくたくさんありますねえ……

去年の確定申告で、経費の分類に苦労したのかな？　でも、必要のない科目は使わなくていいし、よく使う科目は分けるなど、わかりやすくする工夫はありますよ。

● 誰でも使う代表的な経費

まず、誰でも使う代表的な経費の勘定科目をあげてみると、右の表のようになります。これらを現金や預金出納帳の出金欄、そして経費帳に並べていくわけです。

「経費」の代表的な勘定科目

水道光熱費	水道料、電気代、ガス代など
旅費交通費	電車賃、バス代、タクシー代、宿泊代など
通信費	電話料金、郵便料金、宅配便料金、インターネット回線料金、プロバイダー料金、ＮＨＫ受信料など
消耗品費	事務用品などの購入費。使用可能期間が1年未満か取得価額が30万円未満（青色申告の場合）の什器備品の購入費
地代家賃	事務所の敷地の地代や事務所の家賃
雑費	ほかの経費にあてはまらない経費

● よく使う経費は勘定科目をつくる

このほか、よく使うもの、合計金額が大きくなるものは、勘定科目にして欄をつくっておきましょう。

 仕事がら、本や雑誌をものすごくたくさん買います

そういう場合は、「新聞図書費（しんぶんとしょひ）」という勘定科目がよく使われます。経費の欄に加えておきましょう。

そのほかよく使われる経費の勘定科目

また、よく使うもの、合計金額が大きくなるものについては、それに対応できる勘定科目がすでにあっても、別の勘定科目を立てて分けていいのです。

たとえば、ライターやデザイナーといった仕事では、PCやプリンター、そのインクやトナー、用紙、などなど、大量に使ってひんぱんに購入するでしょう。

 プリンターのインクなんか、ものすごく使います

　そういう場合は、別に「事務用消耗品費」や「事務用品費」という勘定科目をつくるとよいのです。本業の仕事で使う消耗品は消耗品費、帳簿やボールペンなどの事務用品は事務用品費と使い分けることができます。
　そのほか、喫茶店や飲食店で打ち合わせをした際の飲食代を計上する「会議費」、PCなどをリースで使っている場合の「リース料」なども、人によっては必要になるかもしれません。

そのほかよく使われる経費の勘定科目

新聞図書費	新聞、書籍、雑誌、統計資料などの購入費
事務用品費	伝票、帳簿、封筒、筆記具など事務用品の購入費（「事務用消耗品費」でもよい）
会議費	会議のために支出した費用。喫茶店や飲食店で打ち合わせをしたときなどに支出した費用
リース料	PC、プリンター、コピー機などのリース料

Memo

もしも仲間に仕事を頼んだら

　仲間に仕事を頼んで報酬・料金を支払った場合は、「外注工賃」という勘定科目の経費になります。

外注工賃	外部に仕事を注文して支払った報酬など

　報酬・料金とされるのは、まず原稿料。そのほかには、講演料、弁護士や税理士などの報酬や料金、映画やテレビなどの出演料などです。

　これらは、報酬などを支払う際に10％の所得税と0.21％の復興特別所得税を源泉徴収しなければなりません（支払金額100万円以下の場合）。

　源泉徴収した所得税等は、翌月10日までに納付するのが義務です。それまでは、源泉徴収をした時点で「預り金」などの勘定科目に計上し、納付した時点で納付額を預り金から差し引くという経理をします。

　このように複雑な処理が増えるので、人に仕事を頼んで直接、報酬を支払うのは避けたほうがよいでしょう p.35 。

　もし、手広く人に頼んで仕事を増やすことなど考えているなら、経理をカンタンにさばくことは諦めたほうが賢明というものです。

支払う報酬は「外注工賃」という経費ですが、所得税等の源泉徴収が必要になります

12 こんな「経費」も忘れずにチェック

誰でも使うわけではないが、人によっては
絶対に必要という経費の勘定科目もあります。
自分の仕事では必要でないか、チェックしておきましょう。

 人によっては必要になる経費の勘定科目

たとえば税金。フリーランス＆個人事業主にもいくつかの税金がかかりますが p.200 、なかには経費として計上できるものがあります。

 えっ、税金が経費になるの？

どの税金も、というわけではありません。たとえば、個人事業税が課税される職業の場合は、その事業税を経費として計上することができるということです。その場合は「租税公課」という勘定科目になります。

● 一般によく使われる経費の勘定科目

そのほか、「荷造運賃」も一般的にはよく使われる勘定科目です。宅配便の料金なども含まれるので、宅配便をよく使う人は必要になるかもしれません。あまり宅配便を使わない人は、通信費に入れても大丈夫です。

さらに、広告をよく出す人は「広告宣伝費」、取引先をよく接待する人は「接待交際費」などが必要になります。

必要かチェックしておきたい経費の勘定項目

租税公課	事業税、自動車税、印紙税など
荷造運賃	テープ、包装紙などの梱包資材。宅配便の運賃など
広告宣伝費	新聞、雑誌などの広告費用。広告用のカレンダー、ノベルティなどの費用
接待交際費	取引先を接待した際の飲食代。取引先の冠婚葬祭に支出した香典、ご祝儀など
支払手数料	振込手数料を負担する場合の振込手数料など

● こんな支出も経費にできる

なお、取引先のご家族の冠婚葬祭などで支出した御霊前、御祝なども接待交際費に計上することができます。ただし、領収書などはもらえないので、それに代わる証明になるものの用意と保存が必要です p.105 。

Memo
振込手数料などが自己負担だったら

　アフィリエイト収入や原稿料では、報酬の振込手数料やその他の手数料の負担を求められる場合があります。
　その際の勘定科目は「支払手数料（しはらいてすうりょう）」です。仮払源泉税と同様、売掛帳・売上帳で計算するとよいでしょう p.75 。

 経費以外の出金欄は

　以上が、主な経費の勘定科目です。これらのうち、自分に必要なものの欄をつくると、現金出納帳・預金出納帳の出金欄の経費計までができます。

● 出金欄の最後には「事業主貸」

　では、経費のほかに何が必要か、チェックしてみましょう。

 えーと、入金欄の事業主借に対応した事業主貸！

　そうですね。でもその前に、現金出納帳の入金欄に「現金預入れ」があったでしょう p.54 。現金出納帳の出金欄には、「預金預入れ」を加えておかなければいけません。
　そして、入金欄にあった「諸口」、その他欄ですね。そうして、最後に事業主貸 p.56 。
　経費に、この3つ——預金預入れ、諸口、事業主貸を加えると下のような出金欄ができあがり、後は残高欄だけになります。

L	M	N	O	P	Q	R
						出金
水道光熱費	旅費交通費	通信費	消耗品費	地代家賃	新聞図書費	事務用品費

自分に必要な経費の勘定科目だけを並べる

Memo

もしも事業用の「固定資産」を持ってしまったら

　まず、「固定資産台帳」という帳簿の記帳・保存が必要になります。これは、固定資産の取得価額や、その他の事項を詳細に記録する帳簿です。

　固定資産は一度に経費にすることができないので、減価償却という計算を行って、毎年少しずつ経費にします。そのための勘定科目が「減価償却費（げんかしょうきゃくひ）」です。

　固定資産にかけた火災保険料や自動車の損害保険料は、「損害保険料（そんがいほけんりょう）」という勘定科目で経費にできます。修理を行った場合は「修繕費（しゅうぜんひ）」ですが、修繕費にできない場合もあるので注意が必要です。

　なお、土地や家屋の「固定資産税（こていしさんぜい）」、自動車の「自動車税（じどうしゃぜい）」は、租税公課として経費に計上できます

減価償却費	建物、自動車、機械、器具備品などのその年の償却費
損害保険料	火災保険料、自動車の損害保険料
修繕費	建物、自動車、機械、器具備品などの修理代

　このように複雑な処理が増えるので、事業用の固定資産はできるだけ持ちたくないものです p.32 。

STEP1 さあ、経理を始めましょう

STEP 2

帳簿、伝票、領収書の
カンタンなさばき方

13 ポイントは経費の並び、現金出納帳などのつくり方 ………… 68

14 「経費帳」をつくりましょう ………… 72

15 「売掛帳」「売上帳」をつくりましょう ………… 74

16 領収書などのファイルをつくりましょう ………… 78

17 「伝票」は何と何を用意する? ………… 80

18 仕事用のサイフを分けましょう ………… 82

13 ポイントは経費の並び、現金出納帳などのつくり方

現金出納帳と預金出納帳の項目、
それに経費帳の勘定科目が決まったので、
順番に完成させていきましょう。
あわせて、帳簿のつくり方のポイントも説明します。

現金出納帳を完成させる

　まず、右ページの例のように、月日欄と摘要欄、丁数欄をつくります。摘要欄には後で勘定科目名を入力するので、例のように2列使ってください。そして摘要欄の上には、帳簿の名前を示す「現金出納帳」と入力。

　2列以上、2行以上使う欄や項目名は、セルの結合をして中央揃えにすると見やすいですね。Excelの「ホーム」タブから「セルを結合して中央揃え」でできます。

 列の幅は適当でいいんですか？

　適当でいいです。使いにくければ、後で変えましょう。罫線のデザインも後で変えられますし、何から何まで例のとおりでなくてかまいません。

● 摘要欄、入金欄、出金欄と続ける

　年月日欄の年の左の空欄は、年数を入力する欄です。平成29年なら「29」と入力して、何年の帳簿かがわかるようにしておきます。
　ちなみに、青色申告決算書や確定申告書は、すべて「平成○○年」という表記になるので、混乱を避ける意味では西暦の表記にしないほうが無難です。

また、摘要欄には、取引——入出金の内容を記録します。丁数欄は、もともとは総勘定元帳の勘定の番号を記入する欄ですが、ここでは領収書などのナンバーを記録するために使用する欄です。

　丁数欄に続けて、50ページから説明した入金欄の項目名、そして58ページから説明した出金欄の項目名を続けて入力しましょう。最後は、残高欄になります。

	A	B	C	D	E
1				現金出納帳	
2	年			摘要	丁
3	月	日			数
4					

F	G	H	I	J	K
			入金		
売上	売掛金回収	現金預入れ	諸口	事業主借	入金計

L	M	N	O	P	Q	R
						出金
水道光熱費	旅費交通費	通信費	消耗品費	地代家賃	新聞図書費	事務用品費

S	T	U	V	W	X	Y
						残高
雑費	経費計	預金預入れ	諸口	事業主貸	出金計	

経費の勘定科目欄の並びも適当でいい？

　そこが大事なポイントです。実は、出金欄の中の経費の並べ方にはコツがあります。

● 経費の順番は決算書に合わせて

　下の図を見てください。実は、帳簿つけのゴール、青色申告決算書の損益計算書というものには、あらかじめ主な経費の勘定科目欄がつくられています。

　その順番は（実物はタテ2列ですが）、下のとおりです。

　ですから、帳簿の経費の並べ方も（タテヨコの違いはあるものの）、この順番にできるだけ近くしておくと、決算のときに混乱しないで作業が楽になります。

　自分で付け足した勘定科目は、空欄に入れることになりますから、雑費(ざっぴ)の前に並べましょう。

　これで現金出納帳の欄はすべて完成。Excelのシート名をダブルクリックして選択し、「現金出納帳」と入力して変更します。次に「ファイル」タブから「名前を付けて保存」を選択し、保存す

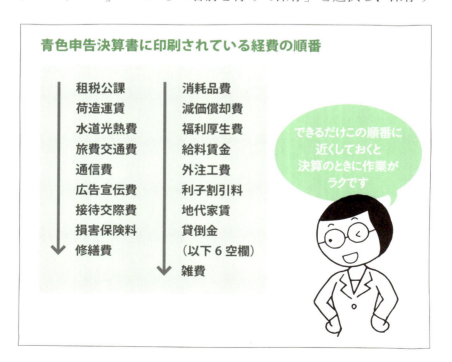

るフォルダを選んで、たとえば「帳簿Excelブック29年」などのファイル名で保存しておきます。

預金出納帳を完成させる

続いて、預金出納帳を完成させましょう。現金出納帳をつくるときに、預金出納帳にもなるように考えてつくったので、中身は変える必要がありません。

帳簿の名前を変えるだけなので、現金出納帳から項目名をコピーしてつくります。

と言うより、Excelの「ホーム」タブから「書式→シートの移動またはコピー」を選択して、「コピーを作成する」にチェックを入れ、現金出納帳を次のシートにコピーするのが簡単でしょう。後は、帳簿名とシート名を変えるだけで済みます。

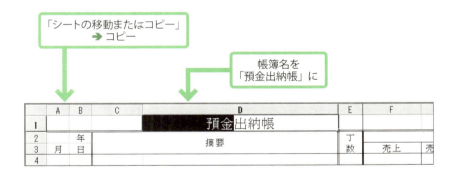

これは楽チンでいいな〜

そうでしょう。これで現金出納帳と預金出納帳の欄はすべて完成。預金出納帳を追加した「帳簿Excelブック」は、「ファイル」タブから「上書き保存」を選択して保存しておきましょう。

14 「経費帳」を つくりましょう

次に経費帳を完成させます。
経費帳も、項目の並びは現金出納帳などと同じですが、
出納帳ではないので残高欄などは不要です。
現金出納帳を編集して完成させましょう。

経費帳に「経費」の欄をつくる

まず、預金出納帳と同様に、「シートの移動またはコピー」で経費帳のシートをつくります p.71 。

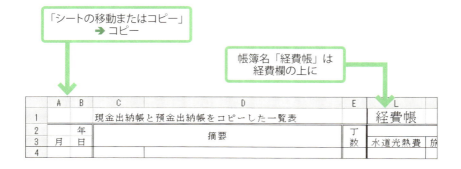

ここまでは楽チン、楽チン

しかし、経費帳は出納帳ではないので、入金欄、出金欄、残高欄という並びのままではヘンです。
そこで、項目の並びは変えずに項目名を編集しましょう。
まず、帳簿名の「経費帳」は経費の最初「水道光熱費」の欄の上に置くことにします。経費帳欄の左右は、経費帳でないことを示すために「現金出納帳と預金出納帳をコピーした一覧表」と入力しておきましょう。

次に、出金欄の経費の部分の左右を罫線で区切り、ここだけを「経費」欄とします。このようにして、この部分が本来の経費帳だとわかりやすくしておきます。

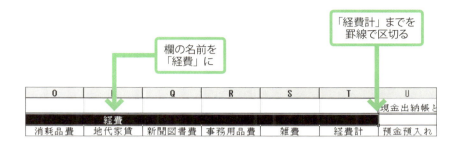

「残高」欄は意味がないのでクリア

また、経費帳は経費ごとにまとめるための帳簿ですから、入金と出金の残高を計算しても意味のない数字になります。

そこでカン違いを避けるために、残高の項目名は「クリア」して空欄にしておきましょう（「ホーム」タブ→「編集」グループ→「クリア」ボタンの中の「すべてクリア」）。

入金、出金のほかの項目も経費帳としては必要ありませんが、いろいろなチェックに利用できるので、残しておくことにします。

これで現金出納帳と預金出納帳、それに経費帳の完成です。これらの入力のしかたは、STEP 3 と STEP 4 で説明します。

15 「売掛帳」「売上帳」を つくりましょう

続けて売掛帳、売上帳もつくってしまいましょう。
摘要欄は現金出納帳などと共通なので、
いっぺんに作業をしてしまったほうが楽です。
売掛帳ができたら、売上帳はそのコピーでできます。

売掛帳の摘要欄は現金出納帳からコピー

　売掛帳は、前年からの売掛金の繰越しと回収、翌年への繰越しを
すべて記帳する帳簿です。期中現金主義を採用しているので、今年
中に回収できた売上は売上帳のほうに記帳します p.52 。

 この帳簿も楽チンにできますかあ？

　もちろんできます。まず、摘要部分は現金出納帳などからコピー
——と言うより、「シートの移動またはコピー」で売掛帳のシート
をつくり、摘要欄から右側を編集するのが楽でしょう。

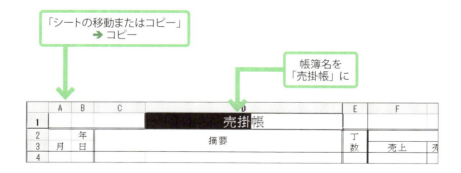

● **源泉徴収された額はここで計算**

　売掛帳と売上帳では、得意先ごとに記録を残します。
　ですから、得意先ごとに売上金額と回収額（受入金額）、そして売掛金の残高を記録するわけですが、所得税等を源泉徴収されている人はここでその仕訳（計算）もしてしまいましょう。

　源泉徴収された分は、本来、確定申告をして納税する所得税等を、源泉徴収されて仮払いしているものと考えられます。ですから、勘定科目名は「仮払源泉税」、下の例のように受入金額と差引残高の間に欄をつくりましょう。

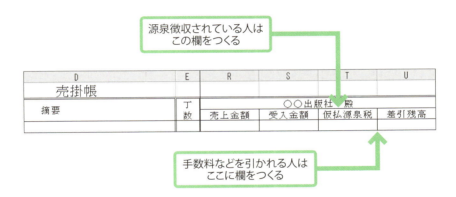

　なお、振り込まれる際に振込手数料やそのほかの手数料を差し引かれる人は、仮払源泉税の後に欄をつくっておきます。勘定科目名は「支払手数料」です `p.63`。

🧑 **源泉徴収や手数料が引かれていると、入金額が端数になってわかりにくいんですよね**

　後で入力するときに説明しますが、差し引かれる前の売上額がスッキリわかります。源泉徴収額や手数料の額の確認もできますよ 。

● 売掛金残高の合計欄をつくる

　この得意先ごとの4つか5つの欄を、得意先の数だけ右に続けます。最後にひとつか2つ、空欄の得意先をつくっておくと、年の途中で新しい得意先が増えたときに便利です。

　そして末尾には合計欄をつくります。ここで売掛金残高の合計がわかるわけです。

W	X	Y	Z	AA	AB	AC
殿			合計			
受入金額	仮払源泉税	差引残高	売上金額	受入金額	仮払源泉税	売掛金残高

末尾に合計欄をつくる

> ひとつつくったら、後はコピーして得意先の名前を変えればいいから簡単だ！

　その方法が簡単ですね。その方法で合計欄までつくったら、売掛帳の欄はすべて完成です。

売上帳は売掛帳をコピーしてつくる

　次に売上帳をつくります。売上帳は、得意先の名前と数も欄の数も、売掛帳と同じです。ですから……。

> 売掛帳を「シートの移動またはコピー」で、
> 帳簿名を変える！

　そのとおりです。売上帳のシート名にして、帳簿名は売上帳にしてください。

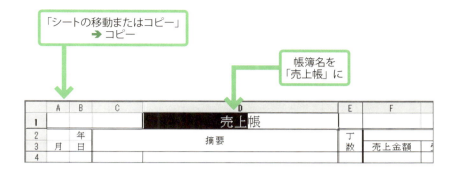

　得意先ごとの項目は、ほとんどそのままでいいのですが、売掛帳の「差引残高」は売上帳では意味がありません。「売掛金」と変更して、売掛金の残高を確認する欄にしましょう。
　こうしておけば、ここがゼロになることで仮払源泉税の額が正しいこともわかります。

　ほかの得意先と、それに合計欄の差引残高も直すことを忘れずに。

ひとつ直したら、後はコピーすればいいから簡単！

　直した後は、Excelを上書き保存することも忘れないようにしてください。
　さてこれで、ふだん使う帳簿は全部できあがりです。年に一度だけ使う帳簿があと2つ残っていますが、これは決算のSTEPで説明しましょう。

16 領収書などの ファイルをつくりましょう

帳簿とともに、領収書なども保存しなければいけないので、
保存のしかたを決めておくことが大切です。
専用のファイルを用意しておくと、保存のし忘れなども防げます。

 100円ショップでも手に入るファイル2冊

　領収書などは原則7年間、保存の義務があります p.20 。請求書などは5年間ですが、わざわざ分けて保存するのも面倒なので、一緒に7年間保存してしまいましょう。

　そのためには、領収書などを整理する段階から保存のしかたをきちんと決め、専用のファイルを用いることです。そうすれば期末には、そのファイルごと保存するだけで済みます。

 どんなファイルがいいですか？

　100円ショップでも買えるような、ごく一般的なものでかまいません。整理のしかたは後で説明しますが p.128 、紙にペタペタ貼っていく方法です。

　ですから、A4縦の紙が綴じられる、2穴式のものが手に入れやすいでしょう。

　ファイルは、受け取った領収書など経費関連のものと、得意先に送った請求書の控えなど売上関連のもの、2冊とするのが基本的なやり方です。

そのほか用意しておきたい事務用品

　領収書などを貼る紙は、2穴の空いた用紙も販売されていますが、手近のコピー用紙などを使っても問題ありません。裏には貼らないので、使用済みの紙の裏でも可です。

 ファイルと紙のほかに用意するものは？

　手近の紙を使う場合は、2穴の穴あけパンチを用意しておくと、整理しやすくなります。これも、100円ショップで入手可です。
　それと領収書などを貼る糊。テープやホチキスではとめにくいので、ふだん糊を使わない人でも用意してください。
　整理するときまで、領収書などを保管しておく封筒も2枚用意しておくといいです。

用意したい領収書用のファイルなど

ファイル
経費関連用と
売上関連用の2冊

紙
領収書などを貼る

封筒
領収書などの
一時保管用

穴あけパンチ

糊

17 「伝票」は何と何を用意する？

用意しておきたい伝票は
「入金伝票」「出金伝票」「振替伝票」の3つ。
伝票と言うより、メモのような感覚で使うと思ってください。
いずれも100円ショップなどで手に入ります。

入金伝票・出金伝票・振替伝票の使い方

右の図が入金伝票、出金伝票、振替伝票です。

 伝票なんて必要ですか？

右にあげた例のような場合に使います。証明として必要なだけでなく、あると便利ですよ。

伝票は便利なメモとして使う

伝票が便利なのは、あらかじめ記入欄ができているからです。
　メモやノートにとろうとすると、必要な内容がもれたり、不要な内容まで書き込んでしまうことがあります。
　伝票では、基本的に必要な内容の欄が用意されているので、過不足なく記入することができるのです。
　記入のしかたはSTEP 3とSTEP 4で説明しますが、要するに便利なメモだと思って使ってください。

用意したい伝票とその使い方

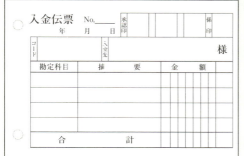

入金伝票
請求書などがない入金があったときに使う
例 ➡ 個人のサイフから現金を補充したときなど

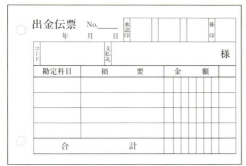

出金伝票
領収書がもらえない出金があったときに使う
例 ➡ 旅費交通費を現金で支払ったときなど

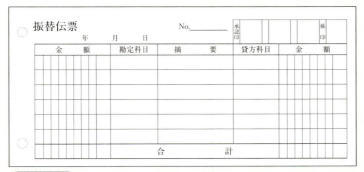

振替伝票
現金や預金の入出金を伴わない取引があったときに使う
例 ➡ 期中に入金しない売上を計上するときなど

18 仕事用のサイフを分けましょう

事業用の預金口座と現金は、プライベートのものと別にしておきます。これは、事業のお金の出入りを明確にするだけでなく、フリーランス＆個人事業主の経理を簡単にするためのポイントです。

事業用の預金口座をつくる

預金口座を分けるとなぜ経理が簡単になるかと言うと、事業用の預金通帳だけで預金取引が全部、記録されるからです。預金出納帳と預金通帳が完全に一致するので、預金出納帳の入力ミスも起こりにくくなります。

仕事に個人の預金口座を使うと、どうなるんですか？

事業のための入出金をプライベートの預金口座で行うと、事業主借や事業主貸 に計上しなければなりません。そのための仕訳が必要になるし、入出金の証明としてプライベートの預金通帳も必要になります。

● 売上の入金はすべて事業用の口座に

そんな面倒なことをするより、最初から口座を分けてしまいましょう。できれば新しい口座を開設して、一定の金額を入金しておきます。これは、元入金の一部になるものです 。

そして、得意先に依頼し、売上の入金はすべて事業用の口座に入るようにしておきます。

事業用口座の入出金に移しておくもの

- 売上　●売掛金回収
- 水道料、電気代、ガス代（水道光熱費）
- 電話料金、インターネット回線料金、プロバイダー料金、NHK受信料（通信費）など

移しておくとフリーランス＆個人事業主の経理がとてもカンタンになります

● 経費が含まれる引落しなどは事業用の口座から

　同時に、家賃などが口座からの自動引落しになっている場合は、事業用の口座から引き落とされるようにしておきます。
　地代家賃だけでなく、水道光熱費、通信費など、家事按分する経費 p.41 は、すべて事業用の口座から出金されるようにしましょう。
　こうしておけば、預金に関する取引はすべて預金通帳に記録され、預金出納帳だけで済むので経理が楽です。
　引落しだけでなく、こうした経費を振込みで支払う際も事業用の口座から行うようにします。現金で支払うときは、次に説明する事業用の「現金」から支払うようにしましょう。

Memo

もしもプライベートの預金口座で事業のための入出金をしたら

　売上は借方・事業主貸、貸方・売上として仕訳します。経費は借方・経費の各勘定科目、貸方・事業主借です。

　この仕訳は現金出納帳や預金出納帳ではできないので、特定取引仕訳帳 p.140 などで行い、売上は売上帳、経費は経費帳の各勘定科目、事業主借と事業主貸は特定勘定元帳 p.141 に転記します。

　こんなに面倒な経理をしなくてはならないのですから、最初から口座を分けてしまったほうが楽です。

事業用の「現金」を用意する

　預金口座だけでなく、現金も事業用とプライベートのものを分けます。事業用の現金を入れておくサイフを用意するとよいでしょう。

● 事業のための現金入出金は事業用のサイフから

　仕事のために現金を使ったら、事業用のサイフから取り出しておくようにします。また、もしも現金で売上の入金があった場合も、事業用のサイフに入れます。

 ボクらの仕事じゃ現金売上なんて、
まずお目にかからないです

　それならなおさら、経理は簡単です。よかったですね。

● 現金と現金出納帳をつき合わせて間違いもチェック

　こうして現金支払いの経費を事業用のサイフから出すようにすれば、間違いのチェックもできます。

　実際の現金の残高と、現金出納帳の残高欄の金額をつき合わせて合っていれば、現金の支払いにも記帳にも間違いがないとわかるでしょう。

　もし違っていたら、原因を追究して正すこともできます。

> **Memo**
>
>
>
> ### 現金の残高と現金出納帳の残高が合わなかったら
>
> 　たいていは、うっかりプライベートのサイフから経費を支払ったとか、経費のレシートをサイフにはさんだまま記帳を忘れた、といった単純な原因です。
>
> 　合わない差額を手がかりに、原因を見つけて正しましょう。

クレジットカードやプリペイドカードも事業専用のものを

　クレジットカードや、Suica、ICOCAなどの交通系ICカードを仕事で使うときも、プライベートのものと分けておくようにします。

　クレジットカードやSuicaなどは、複数枚持っている人も多いでしょうから、1枚を事業専用にしてもよいでしょう。

　クレジットカードの利用代金は、事業用の口座から引き落とされるようにしておけば、記帳は簡単です p.112 。

　Suicaなどは現金でチャージするようにして、その現金を事業用のサイフから出せば、現金出納帳だけで記帳が済みます p.100 。

STEP 3
「現金出納帳」に入力しましょう

19 現金の入出金はそのつど「現金出納帳」に入力 ………… 88

20 入力したら経費帳にコピー＆貼り付けしましょう ………… 90

21 ポイントは領収書。そのつどの「経費」のさばき方 ………… 94

22 領収書のない出費は「出金伝票」にメモ ………… 104

23 現金の入金は「入金伝票」で記録 ………… 106

19 現金の入出金はそのつど「現金出納帳」に入力

それでは現金出納帳の入力を始めましょう。
現金出納帳の入力は、入出金があったそのつど、
次にPCの前に座ったときに済ませてしまうのが簡単です。

ポイントは左から順番に入力すること

　現金出納帳は、経理の知識がない人でも理解しやすい帳簿です。慣れれば、1件の入力が1、2分で済むことでしょう。

いよいよ入力ですね。任しといてくださーい！！

　フリーランス＆個人事業主には、PCで仕事をしている方が多いでしょうから、その点からも入力は楽と言えそうですね。
　では具体的に説明しましょう。ポイントは、Excelで左から順番に欄を見て入力していくことです。

1行目は「前年より繰越」を入力

　まず、現金の残高の行を入力します。月日は1月1日付け、摘要欄の左側には「現金」と入力。これは、現金の入出金であることを示すためです。経費帳にコピーしたときに、現金の入出金なのか預金の入出金なのか、すぐにわかります p.90 。
　摘要欄の右側には「前年より繰越」。丁数欄は、領収書などのナンバーを入力する欄なので、「0」としておきましょう。
　そしてカーソルを右に移動していき、残高欄に入金しておいた額 p.82 を入力します。

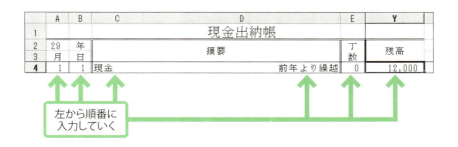

これで「前年より繰越」の1行の入力が完了です。

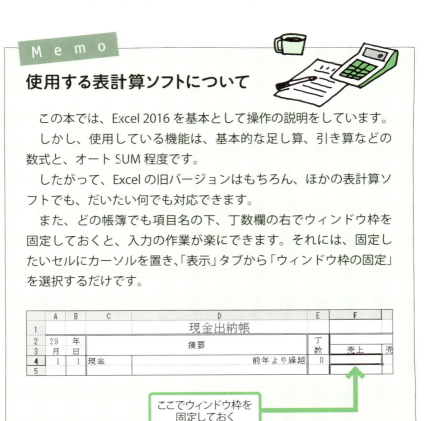

使用する表計算ソフトについて

　この本では、Excel 2016 を基本として操作の説明をしています。

　しかし、使用している機能は、基本的な足し算、引き算などの数式と、オート SUM 程度です。

　したがって、Excel の旧バージョンはもちろん、ほかの表計算ソフトでも、だいたい何でも対応できます。

　また、どの帳簿でも項目名の下、丁数欄の右でウィンドウ枠を固定しておくと、入力の作業が楽にできます。それには、固定したいセルにカーソルを置き、「表示」タブから「ウィンドウ枠の固定」を選択するだけです。

20 入力したら経費帳に コピー&貼り付けしましょう

現金出納帳に1行入力したら、その行ごと経費帳にコピーします。
1行まるごとコピーするので、別に入力する手間もないですし、
金額などを間違える心配もありません。

現金出納帳から経費帳にコピーする方法

　現金出納帳から経費帳へのコピーは簡単です。

　まず、現金出納帳で、入力した行の行番号をクリックすると行ごと選択ができます。次に、行番号を今度は右クリックすると「ショートカットメニュー」が表示されるので、「コピー」を選択。これで1行のコピーができました。

　さらに、経費帳に移動して、行番号をクリックして貼り付けをしたい行を選択し、右クリックで表示される「ショートカットメニュー」から「貼り付け」を選択する――これだけです。

行番号をクリックして行全体を選択
➡ コピー

	A	B	C	D	E	Y
1				現金出納帳		
2	29	年		摘要	丁	残高
3	月	日			数	
4	1	1	現金	前年より繰越	0	12,000

行番号をクリックして行全体を選択
➡ 貼り付け

	A	B	C	D	E	F
1				経費帳		
2	29	年		摘要	丁	
3	月	日			数	売上
4						

Memo

コピー&貼り付けを
簡単に行うには

 これはボクからご説明しましょう。Excelのスキルは、たぶんボクのほうが高いので

　作業を簡単にするには、まず「表示」タブから「新しいウィンドウを開く」を選択。次に、同じ「表示」タブから「整列→左右に並べて表示」を選択します。

　そして、ひとつのウィンドウには現金出納帳のシートを表示し、もうひとつには経費帳のシートを表示するのです。これで、両方の帳簿を1画面で見ながら、コピー&貼り付けができます。

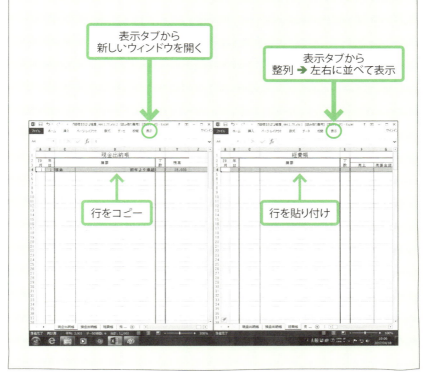

経費以外も経費帳にコピーする

　はい、よくできました。この、1画面で2つの帳簿を見ながらコピーする方法は、ほかの帳簿のコピーでも使えるので、ぜひ利用してください。

　たとえば、預金出納帳から経費帳へのコピー p.114 、売掛帳、売上帳への金額のコピー p.124 、試算表へのコピー p.165 などですね。

　ところで、「前年より繰越」は経費じゃないのに、経費帳にコピーするんですか？

　経費帳は本来、経費を科目ごとにまとめて記入する帳簿です。ですから、経費でない入力はコピーしなくてもいいのですが、現金出納帳と、それに預金出納帳に入力した行はすべて、コピーしておくことをおすすめします。

　理由は2つあります。

● すべてコピーするほうが間違いを防げる

　コピーしたり、しなかったりする操作は、コピーし忘れなどの間違いのもとです。

　経費以外の入力をコピーしても、経費帳の部分に影響はないので、アレコレ考えずにコピーすることにしましょう。

● 二重チェックに役立つ数字が得られる

　経費以外の入力もコピーして、最後に合計をとると、チェックに役立つ数字が得られます。

　たとえば、現金出納帳、預金出納帳、売掛帳の「前年より繰越」の合計は、記帳初年度の「元入金」と一致するのです p.146 。

ボクは青色申告初年度だから、「元入金」はそうなるのか

　同様に、現金出納帳・預金出納帳をコピーした一覧表の、預金預入れと現金預入れ、売上と売掛金といった数字が、ほかの帳簿の数字と一致します。もし一致しなかったら、コピーのもれなどがあるということですから、二重チェックできるわけです。

　このような理由で、現金出納帳の入力はすべて、経費帳にコピーすることをおすすめします。

経費帳の合計で二重チェックできるもの

経費帳		ほかの帳簿
「前年より繰越」合計	＝	試算表の「元入金」（記帳初年度のみ）
「現金預入れ」合計	＝	預金出納帳の「現金預入れ」合計
「売上」合計	＝	預金出納帳の「売上」合計
「売掛金回収」合計	＝	預金出納帳の「売掛金回収」合計

21 ポイントは領収書。そのつどの「経費」のさばき方

現金出納帳で最も大きな割合を占めるのは、経費の入力です。
そのポイントは、実は入力以前、領収書やレシートにあります。
領収書やレシートを見ながら入力し、最後にナンバーをふりましょう。

領収書やレシートを必ずもらう

　どんなに金額の少ない経費の出金でも、領収書やレシートを必ずもらって保存しておきます。

 ときどき、なくしちゃうんですよね。
たまには領収書のない出金があっても……

　ダメです。領収書やレシートをなくしたら、その経費の出費はなかったものになると思ってください。
　消耗品や新聞図書、事務用品などの購入時はもちろん、水道光熱費や通信費を現金で振り込んだという場合でも、その記録が印字された紙を必ずとっておきましょう。

 いつもSuicaで電車に乗ってるんですが、レシートはどうしたら……

　SuicaやICOCAなどで交通費を支払う場合は、チャージの領収書と利用明細を利用します p.100 。また、どうしても領収書やレシートがもらえない出金では、出金伝票を利用します p.104 。

レシートなどを見ながら現金出納帳に入力する

それでは、仕事の資料用として本を買ったという例で、レシートを見ながら現金出納帳に入力してみましょう。

● 前の行をコピーして金額まで入力

まず、入力する欄をつくるために直前の行をコピーします。これは、経費帳にコピーする場合と同じ方法 p.90 で大丈夫です。

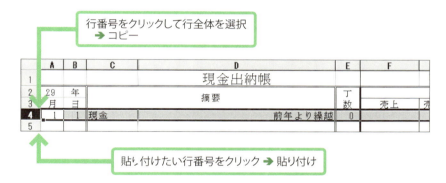

そして、コピーした行を編集しながら入力していきます。左から順番に入力していくのがポイントです。

最初にレシートの日付を見て、月日欄に入力。月が同じならば変更せず、日だけ入力すればOKです。

次に、摘要欄の左側「現金」も変える必要がありません。このように、同じ内容は入力が省けるのがコピーのいいところです。

　摘要欄の右側には、入出金の内容を簡潔に入力します。資料用の本を買ったら「資料用書籍」といった具合です。

　丁数欄は連番を付けていくので、この場合はゼロの次で「1」とします。

 同じ内容は入力しなくていいのか。これはラクだな～

　でしょう？　カーソルを右に移動していって、変えるところがないか見ていきましょう。3行目以降の入力では、直前の行の内容が残っていますから、不要な数字は消す必要があります p.101 。

　資料用書籍は「新聞図書費」ですから、その欄まで来たらストップ。レシートを見ながら、金額を入力します。

　ほかの経費をどの科目に入力するかは、58ページからの表を参考にして選択してください。

	A	B	C	D	E	...	Q	
1				現金出納帳				
2	29	年		摘要	丁		新聞図書費	事
3	月	日			数			
4	1	1	現金	前年より繰越	0			
5	1	6	現金	資料用書籍	1		1,944	

適切な科目を選んで金額を入力

● 合計の欄はオートSUMで入力

　さらにカーソルを右に移動していくと、「経費計」の欄があらわれます。これは経費の合計を計算する欄ですから、ExcelのオートSUMを使用しましょう。「経費計」の欄にカーソルを置いて、「ホー

ム」タブから「オートSUM」を選択します。

　すると、合計の関数が自動的に入力されますが、合計する範囲はExcelが判断したものなので、たいていは違っています。そこで、マウスを水道光熱費の欄から雑費の欄までドラッグして、経費の欄全体を選択すると、合計したい範囲の数式に正されます。

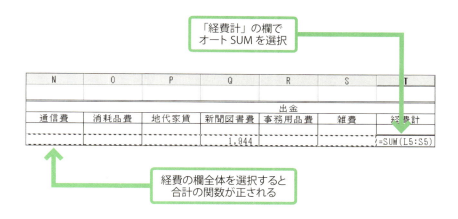

 これはちょっとメンドくないですか？

　次の行からは、行全体をコピーしたときに関数もコピーされるから大丈夫。経費の最初の入力のときだけに必要な操作です。

　さらに右にカーソルを移動していくと、「出金計」の欄があらわれます。これは出金の合計を計算する欄ですから、オートSUMを選択して「経費計」から直前の欄までを選択すればOKです。

　次の行からはこの関数もコピーされるので、いちいちオートSUMを使う必要はありません。

　でも、入金の入力があると、入金欄の「入金計」でオートSUMを使う必要があります。せっかくだからここで、「入金計」の関数も入力してしまいましょう。

● 残高欄はプラスマイナスの数式で入力

　最後に帳簿の右端、「残高」欄の入力をしましょう。これはプラスマイナスの計算をするので、数式を入力します。

 プラスマイナスだけなら、カンタンな数式ですね

はい。

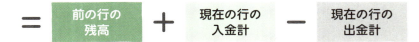

　この例で言うと、「＝Y4＋K5－X5」ですね。
　この数式も、コピーするとそのまま自動的に残高を計算してくれますから、次の行からは入力する必要はありません。

	S	T	U	V	W	X	Y
1		現金出納帳と預金出納帳をコピーした一覧表					
2		出金					残高
3	雑費	経費計	預金預入れ	諸口	事業主貸	出金計	
4							12,000
5		1,944				1,944	=Y4+K5-X5

＝前の行の残高＋現在の行の入金計－現在の行の出金計

なお、ホームページからダウンロードした「帳簿Excelブック」p.11 では、「前年より繰越」の行と、この関数と数式を入力する行の2行があらかじめ入力されています。

経費帳にコピーしてナンバーをふる

これで、資料用書籍を買ったときの入力は終わりなので、Excelを上書き保存してから、1行目と同じ方法 p.90 で経費帳にコピーします。

	A	B	C	D	E	Q
1			現金出納帳と預金出納帳をコピーした一覧表		丁数	
2	29	年		摘要		新聞図書費
3	月	日				
4	1	1	現金	前年より繰越	0	
5	1	6	現金	資料用書籍	1	1,944

現金出納帳の行をコピーして経費帳に貼り付け

さて、ここからが第2のポイントです。入力した領収書やレシートには必ず、丁数欄と同じナンバーをふっておきます。

手書きでかまいません。位置はレシートなどの左下すみ、赤いボールペンなどを使うと、後で見つけやすくなります。

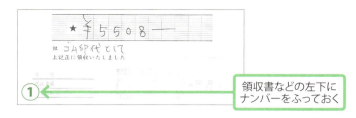

領収書などの左下に
ナンバーをふっておく

　ナンバーをふったら、整理するときまで封筒などに保管しておきましょう  。

> **Memo**
>
> ## SuicaやICOCAで交通費を払うときは
>
> 　原則的に言うと、SuicaやICOCAなど交通系ICカード（プリペイドカード）の経理は、かなりたいへんです。
>
> 　まず、カードの購入時には500円のデポジットを払いますが、これは返却時に返ってくるものなので「預け金」などに計上。
>
> 　次に、チャージした金額はまだ使っていないものなので、いったん「仮払金（かりばらいきん）」などに計上します。そして実際に使ったときに、仮払金から「旅費交通費」に振り替えるわけです。
>
> 　さらに期末には、カードの残額を「前払費用（まえばらいひよう）」などに計上する必要もあります。
>
> **「重要性が乏しいもの」は簡便な方法で**
>
> 　これでは、フリーランス＆個人事業主には手間がたいへんだし、勘定科目も増えて、帳簿や決算書が複雑になってしまうでしょう。
>
> 　そこで経理——と言うか会計では、このような場合、本来の厳密な会計処理によらないで、金額が小さく重要性が乏しいものについては、簡便な方法による処理が認められます。
>
> 　これを「重要性の原則（じゅうようせいのげんそく）」と言います。

「重要性の原則」に従ったシンプルな処理

では、チャージした時点で一度に旅費交通費とする方法を説明しましょう。まず、現金出納帳で入力する欄をつくるために、前の行をコピー＆貼り付け。月日欄や摘要欄を編集・入力します。

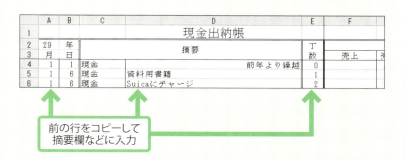

次に、カーソルを右に移動していって、旅費交通費の欄にチャージした金額を入力。また、新聞図書費の欄には前の行の金額がコピーされているので、「ホーム」タブ→「編集」グループ→「クリア」ボタンの中の「数式と値のクリア」を選択して、前の行の金額を消します。

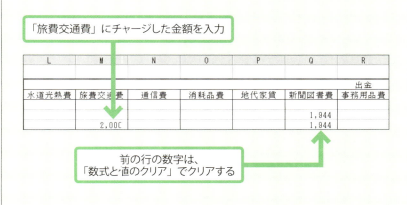

コピーの行にはすでに、合計の関数などが入力されているので、自動的に表示されます。

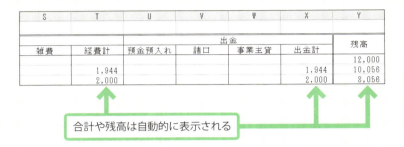

後は例によって、行ごと経費帳にコピーして完了です。

期末の残高はすぐに使い切れる程度に

期末の残高は前払費用として計上するのが原則ですが、これも金額が小さく重要性が乏しいもので、しかもすぐに短期間でサービスの提供を受けるものは、支払った日の年度の経費に入れることができます。

「短期前払費用（たんきまえばらいひよう）」と呼ばれるものです。

ですから、あまり多額のチャージはしないで、すぐに使い切れる程度の残高を残すようにしましょう。

また、デポジットの500円については、新しくカードを購入し

ないで、以前から持っていたものを使うようにしましょう。
　チャージした金額だけを、旅費交通費とするわけです。

チャージは少額をこまめに
　以上のような方法で旅費交通費を処理するには、注意点が2つあります。
　ひとつは、あまり多額のチャージをしないこと。多額の残高があると、重要性に乏しいとは言えなくなるし、短期前払費用にも該当しなくなります。

カードは旅費交通費以外に使用しない
　もうひとつは、カードで事務用品などを買ったりしないことです。同じ事業の経費だとしても、すでに旅費交通費として処理しているわけですから、ほかの経費に使うことはできません。

利用履歴をとって領収書とともに保管
　チャージの領収書をとっておくのはもちろんですが、同時に「利用履歴」もとって一緒に保管しておきましょう。
　通常、直近の20件が印字されるので、20件を超えない時点で利用履歴をとっておくようにします。
　さらに、スケジュール帳や日誌を利用して、どこで、誰と、何をしたのか、後からでも明確にわかるようにしておくことが大切です。それによって、プライベートな用事の旅費交通費でないことも証明できます。

22 領収書のない出費は「出金伝票」にメモ

経費の入力は領収書がポイント。
とは言っても、領収書やレシートがもらえない経費はあるものです。
そういう場合の処理をご説明しましょう。

レシートに代わる出金伝票

　たとえばコミュニティバスの料金支払いなどで、Suicaが使えない場合がありますね。

 Suicaも使えず、レシートももらえないから、困っちゃう

　そういう場合に使うのが出金伝票です。
　あらかじめ用意しておいた出金伝票 p.80 に、自分で記入して記録を残します。右のように記入しますが、要するにレシートに代わるメモだと思えばよいでしょう。
　そして出金伝票を見ながら、レシートがある場合と同様に入力すればOKです。経費帳へのコピーも忘れずに。
　また、レシートと同様にナンバーもふっておきましょう。

金額の大きなものは証明を保存

　出金伝票を使うケースとしては、ほかに得意先、ご家族の冠婚葬祭の御祝、御霊前などが代表的です。
　こうした支出は、接待交際費として経費にできます p.63 。しかし、領収書はもらえないので出金伝票に記録するわけです。

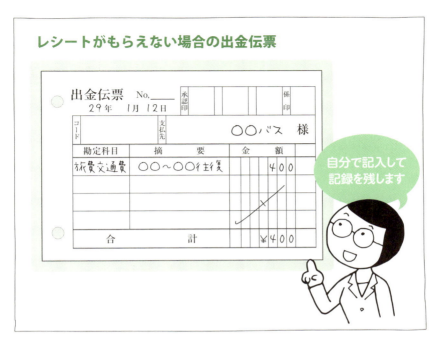

レシートがもらえない場合の出金伝票

出金伝票を見ながら
レシートがある場合と同様に入力

🌟 領収書がいらないなら、これで経費を水増しとか……

　ダメです。交通費より金額がケタ違いに大きくなるので、出金伝票以外に何か証明になるものを保存するようにしてください。
　結婚式の招待状や告別式のお礼状など、年月日が記載されたものを出金伝票とともに保存するとよいでしょう。

23 現金の入金は「入金伝票」で記録

入金欄の入力についても見ておきましょう。
現金出納帳で入金があるのは主に、
事業用の預金を引き出して補充した場合と、
事業主がプライベートのサイフから現金を補充した場合です。

記録が残らない入金は入金伝票にメモ

　事業用の預金を引き出した場合は、預金通帳に記録が残るので問題ありません。預金引出し欄に、そのまま入力しましょう。
　しかし、事業主のプライベートな預金や現金を、事業用の現金に入れた場合は何の記録も残らないはずです。そこでこの場合は、出金伝票の反対、入金伝票を使います。

 自分の現金を入れたら、すぐに記入するわけですね

　プライベートの現金を補充した場合などは、事業主借です p.54 。ですから、入金伝票を見ながら、経費と同じ方法で事業主借欄に入力します。経費帳へのコピーも忘れずに。
　また、出金伝票と同様にナンバーをふっておきましょう。

入金計欄は自動的に表示される

　入力したら、入金計欄の合計も確認しておきます。

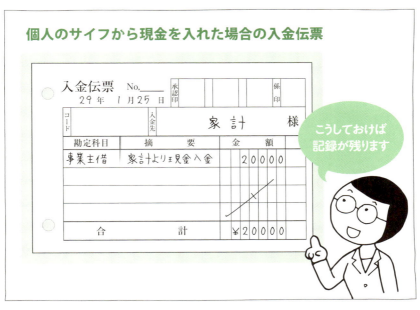

入金計欄には、出金計欄と同時に合計の関数を入れていますから、自動的に合計が表示されるはずです。入金計欄の表示を確認しておきましょう。

さらに、行の末尾、残高欄の金額も、入金した額の分が増えていることを確認してください。
　これで入金の1行の入力が終わったので、経費と同様に経費帳にコピーして完了です。
　入金は経費ではありませんが、期末に経費帳の合計をとると、現金出納帳の事業主借の合計と一致して、金額の二重チェックができます。

STEP 4
「預金出納帳」の入力と領収書などの整理

24 預金の入出金はときどき「預金出納帳」に入力 ………… 110

25 預金出納帳から「経費帳」にコピー&貼り付け ………… 114

26 報酬の入金は「売掛帳」か「売上帳」にも記録 ………… 116

27 売掛金が入金していたら「売掛帳」にコピー&貼り付け ………… 120

28 売上が入金していたら「売上帳」にコピー&貼り付け ………… 124

29 いちばんカンタンな領収書保管のしかた ………… 128

24 預金の入出金は ときどき「預金出納帳」に入力

預金出納帳の入力はときどき行います。
1週間に一度くらい、出かけたときに預金通帳を通帳記入し、
それを見ながら入力するとよいでしょう。

預金出納帳の入力は現金出納帳と同じ

それでは預金出納帳の入力を説明します。と言っても、預金出納帳の入力のほとんどは、現金出納帳とほぼ同じです。

主な違いは、領収書やレシートではなく、預金通帳を見ながら入力すること。

 預金通帳と同じ内容が並ぶことになりますか？

そうです。事業用の入出金がきちんと分けられていれば、預金通帳と預金出納帳の内容の並びはほとんど同じになります。

● 領収書などのナンバーは不要

ですから、領収書などと違って丁数欄のナンバーはいりません。ナンバーがなくても、月日の順で簡単に、預金通帳の記入を探せるからです。

最初の1行は、現金出納帳と同じく「前年より繰越」を入力 p.88 。そしてたとえば、電気代が預金から引き落とされていたとすると、入力は次のようになります。

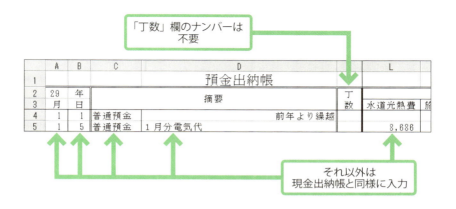

● 12カ月分の経費がそろっていることが大切

　厳密に言えば、1月に支払う電気代は1月に使用した分ではありませんが、使った日を正確に計算して入力するのではフリーランス＆個人事業主の経理の手間がたいへんです。

　ここは重要性の原則 p.100 に従って、支払った日に経費とする簡便な方法をとることにしましょう。

　ここで大切になるのは、1年を通して見て12カ月分がきちんと入力されていることです。

　ですから、支払日の関係などで12月分が翌年1月の支払いになった場合などは、未払いを計上する必要があります p.150 。

● 現金出納帳と同じく経費帳にコピー

　預金出納帳の「入金計」「経費計」「出金計」「残高」欄も、現金出納帳と同様に関数や数式を入力しますが、ここは現金出納帳からコピーしてしまいましょう。項目の並びは現金出納帳とまったく同じなので、数式をコピーしても問題は起こりません。

　そして入力が完了したら、経費帳へのコピーを忘れずに p.90 。次の行からは、前の行のコピーで入力する行がつくれます p.95 。

> ### Memo
> ## 仕事用クレジットカード払いの入力のしかた
>
>
>
> 　クレジットカードの支払いも、重要性の原則に従って、利用代金を支払った日の出金とする簡便な方法をとります。
> 　たとえば、事業用のクレジットカードでガス代を支払っていたとすると、入力は次のようになります。
>
> | | A | B | C | D | E | L |
> |---|---|---|---|---|---|---|
> | 1 | | | | 預金出納帳 | | |
> | 2 | 29 | 年 | | 摘要 | 丁 | |
> | 3 | 月 | 日 | | | 数 | 水道光熱費 |
> | 10 | 1 | 26 | 普通預金 | ○○カード　1月分ガス代 | | 3,187 |
>
> 　ただし、あくまでも重要性の乏しいものに限られるので、たとえば金額の大きなものをクレジットカードで購入した場合などは、購入した日の出金として処理する必要があります。

生活費を引き出したときは事業主貸

　預金への入金の入力は後で見るとして **p.116**、出金の入力をもう少し説明しておきましょう。経費以外で、預金から出金するものには何があるでしょうか。

預金から生活費を引き出さないと生活できない……

　生活費の引出しは、次のように事業主貸 **p.56** になります。

生活費を引き出したら
「事業主貸」に入力

	A	B	C	D	E	W
1				預金出納帳		
2	29	年		摘要	丁	事業主貸
3	月	日			数	
9	1	25	普通預金	生活費		100,000

　現金を引き出した記録は預金通帳に残っているので、事業主借で現金を入れた場合のような入金伝票や出金伝票は不要です。

　また、事業主貸は経費ではありませんが、現金出納帳と同様に経費帳にコピーしておきます p.90 。最後に、入力やコピーをした各帳簿を、Excelの「ファイル」タブから上書き保存することもお忘れなく。

> **Memo**
>
>
>
> ### もしも個人用のカードを仕事に使ってしまったら
>
> 　うっかり、プライベート用のクレジットカードで事業用の買い物をしてしまった、という場合は事業主借になります。
>
> 　仕訳は、借方・経費の各勘定科目、貸方・事業主借です。
>
> 　この仕訳は現金出納帳や預金出納帳ではできないので、特定取引仕訳帳 p.140 などで行い、経費は経費帳の各勘定科目、事業主借は特定勘定元帳に転記します。
>
> 　証明として、プライベートのクレジットカードの利用明細のコピーなども必要です。
>
> 　このように面倒なことになるので、よく注意して、事業用の買い物には事業用のクレジットカードを使うようにしましょう。

25 預金出納帳から「経費帳」にコピー&貼り付け

預金出納帳から経費帳へのコピーも、やり方は現金出納帳と同じです。
ただし、コピーした後、
ちょっとした問題が起こっていることに気づくはず。
その簡単な解決法とは……。

 貼り付けた行を月日の順に並べ替え

　預金出納帳は、ときどき入力して経費帳にコピーします。一方、現金出納帳はそのつど入力、そのつどコピーです。そうすると、どんなことが起こるかと言うと……。

 あ、経費帳の入出金が月日の順に並ばない!?

　入力とコピーをする日の関係で、月日が前後してしまうことがあるのです。
　でも、この問題を解決するのはExcelなら難しくありません。月日の順に並べ替えればいいだけです。
　それには、並べ替えたい範囲の行を選択して、「データ」タブから「並べ替え」を選択します。
　そして「最優先されるキー」を列A、「レベルの追加」をクリックして「次に優先されるキー」を列Bとするのです。「並べ替えのキー」はいずれも「値」、「順序」は「昇順（小さい順）」にします。
　これで「OK」をクリックすると、月を最優先、日を次に優先して並べ替えられるので、月日の順に正しく並びます。

	A	B	C	D	E	F
1			現金出納帳と預金出納帳をコピーした一覧表			
2	29	年		摘要	丁	売上
3	月	日			数	
4	1	1	現金	前年より繰越	0	
5	1	6	現金	資料用書籍	1	
6	1	6	現金	Suicaにチャージ	2	
7	1		普通預金	前年より繰越		
8	1	5	普通預金	1月分電気代		

月日が前後した行を選択して並べ替え

意味のない数字をクリアしておく

もうひとつの問題は、預金出納帳の残高欄です。残高欄は、経費帳にコピーすると意味のない数字になるので、経費帳の項目名をクリアしておきました p.73 。

しかし、預金出納帳から行ごとコピーすると、残高を計算する数式もコピーされてしまうので、意味のない数字が表示されてしまいます。

あっても害のない数字ですが、意味のない数字なのでクリアしておきましょう。Excelでクリアしたい範囲を選択して、「ホーム」タブから「クリア」を選択、さらに「数式と値のクリア」を選択します。

	A	B	C	D	E	Y
1			現金出納帳と預金出納帳をコピーした一覧表			
2	29	年		摘要	丁	
3	月	日			数	
4	1	1	現金	前年より繰越	0	12,000
5	1	1	普通預金	前年より繰越		120,000
6	1	5	普通預金	1月分電気代		111,314
7	1	6	現金	資料用書籍	1	109,370
8	1	6	現金	Suicaにチャージ	2	107,370

意味のない数字が表示されるのでクリア

「前年より繰越」は、後で元入金のチェックに使えるので残しておいてください p.92 。

26 報酬の入金は「売掛帳」か「売上帳」にも記録

預金出納帳の入金欄の入力も、出金欄と同じです。
ただし、売上と売掛金回収の入金があったときは、
売上帳と売掛帳にもコピーして記録しておきます。

預金出納帳に入金の入力をする

　ライターやデザイナーといった職種の場合、報酬は翌月払い、翌々月払いが多いでしょうから、年のはじめの入金は前年の売掛金がほとんどかもしれません。

 ボクの場合、2月くらいまでは前年の仕事の入金ですね

　では、売掛金回収の入力から説明しましょう。例によって、直前の行をコピーして月日欄から順に入力していくと、次のようになります。

	A	B	C	D	E	G
1				預金出納帳		
2	29	年		摘要	丁	
3	月	日			数	売掛金回収
4	1	1	普通預金	前年より繰越		
5	1	1	普通預金	1月分電気代		
6	1	8	普通預金	○○社『月刊○○』原稿料		29,631

　入金の相手方と品名をしっかり入力

　ここでのポイントは、摘要欄に入金の相手方と品名をしっかり入力しておくこと。相手方の名前は預金通帳の記載から、品名は発行した請求書などから確認します。

1行の入力が済んだら、経費などの出金と同様、経費帳にコピーしましょう。

売掛帳に貼り付ける準備をする

売掛金回収の入金の場合は、ここで売掛帳へのコピー＆貼り付けという1段階が追加になります。74ページでつくった売掛帳が、ここで役に立つわけです。

●「前年より繰越」の入力のしかた

コピー＆貼り付けの前に売掛帳にも、例によって「前年より繰越」の1行を入力しておきます。

前年も売掛帳をつくっていた場合は、前年の期末残高が繰越額です。はじめてつくる場合は、発行した請求書や納品した仕事の記録から、売掛金の繰越額を計算します。

これを得意先ごとに入力するわけですが、注意点は手取額ではなく、仮払源泉税や支払手数料を含む総額で入力することです。

得意先ごとに
税込みの総額を入力

●「合計」欄は数式を入力

左から順番に売掛金の残高を入力していって、最後の合計欄は数式で合計を計算します。

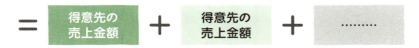

とするわけで、この例の場合は「＝F4＋J4＋N4＋R4＋V4」です。

　ちょっと面倒に思うかもしれませんが、欄の並び方は各得意先、合計ともにすべて同じになっています。ですから、ひとつ数式を入力したら後は……。

そうか、数式をコピーすればいいんだ！

　そうです。ただし、単純にコピー＆貼り付けすると罫線などのデザインが崩れるので、貼り付けは「数式」を選択してください。

　Excelの「ホーム」タブの「貼り付け→形式を選択して貼り付け→数式」を選択して「OK」をクリックします。

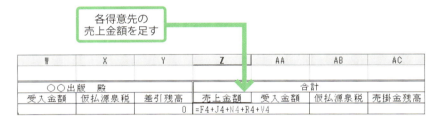

Memo

「前年より繰越」を合計して「元入金」をチェック

　売掛帳の合計欄を数式で計算すると、売掛金残高の欄に前年より繰り越した売掛金の合計が表示されます。

　ここでポイントがひとつ。この前年より繰り越した売掛金残高だけは、経費帳にコピーしておきましょう。

　やり方は、後で説明する預金出納帳から売掛帳へのコピー p.120 と同様に、摘要欄と、合計金額を「値」として貼り付ける方法をとります。これを月日の順に並べ替えて、オートSUMで「前年より繰越」の合計を計算しましょう。

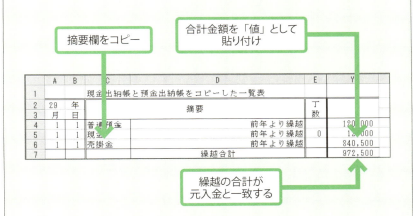

　通常、この繰越の合計は記帳初年度の「元入金」の額と一致します。元入金とは、会社の資本金のようなものです（次年からは別の計算式を使用します p.198 ）。

　元入金は、特定勘定元帳に記載されますが p.146 、ここで合計のチェックができるわけです。

27 売掛金が入金していたら「売掛帳」にコピー&貼り付け

ここまでで「前年より繰越」の行が入力できたので、
預金出納帳から売掛帳へのコピーを行います。
売掛帳は預金出納帳と項目の並びが違うので、
ちょっと違ったコピー&貼り付けが必要です。

 預金出納帳から売掛帳にコピーする

まずは売掛帳で、「前年より繰越」の行をコピーして、入力する行をつくりましょう。

 そのつど、必要な行だけつくればいいわけだ

ただし、売掛帳は預金出納帳と項目の並びが違うので、行ごとのコピー&貼り付けはできません。

でも、月日の欄から丁数欄までは同じなので、預金出納帳の丁数欄までをコピーして売掛帳に貼り付けられます。

	A	B	C	D	E	F
1				売掛帳		
2	29	年		摘要	丁	
3	月	日			数	売上金額
4	1	1	売掛金	前年より繰越		
5	1	8	普通預金	○○社『月刊○○』原稿料		

預金出納帳の
丁数欄までをコピー

次に、預金出納帳の売掛金回収の金額をコピーして、その得意先の受入金額欄に貼り付けます。ただし、デザインが崩れないように、貼り付けの中でも「値」の貼り付けを選択しましょう。

数式の貼り付け p.118 と同じように、「ホーム」タブの「貼り付

け→形式を選択して貼り付け」を選択しますが、最後に「値」を選択して「OK」をクリックします。

D	E	F	G	H	I
売掛帳					
摘要	丁数	売上金額	○○社　殿		
			受入金額	仮払源泉税	差引残高
前年より繰越					66,000
『月刊○○』原稿料			29,631		66,000

← 預金出納帳から「値」を貼り付け

●「仮払源泉税」の計算のしかた

　ここで、仮払源泉税も入力してしまうことにします。数式で計算してもいいですが、端数の計算を間違えやすいので、電卓で計算するほうが簡単です。

　電卓で計算しても、難しくはありません。仮払源泉税は、所得税と復興特別所得税の合計で10.21％（100万円未満の場合）です。

　その計算式は、

となります。この例の場合、売掛金の回収なので画面に売上金額は表示されていませんが、3万3000円の売上です。仮払源泉税は、3,369円（1円未満切捨て）になります。

D	E	F	G	H	I
売掛帳					
摘要	丁数	売上金額	○○社　殿		
			受入金額	仮払源泉税	差引残高
前年より繰越					66,000
『月刊○○』原稿料			29,631	3,369	66,000

↑ 仮払源泉税を計算して入力

● 差引残高を計算する数式

　さらに、差引残高欄には繰越額がコピーされているので、正しい数式を入力してこれを直します。

　預金出納帳などの残高欄と同じ考え方で、

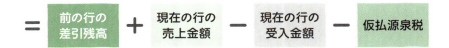

です。この例で言うと、「＝I4＋F5－G5－H5」ですね。

　入力したら、差引残高欄に正しい売掛金残高が表示されていることを確認してください。正しければ、仮払源泉税の金額も正しいことが確認できます。なお、この差引残高の数式は、各得意先に共通なので、ひとつ入力したときにすべてコピーしておくと、後で楽です。

コピーはラクでいいな〜

● 合計欄の数字を確認

　売掛帳へのコピーの最後に、合計欄を確認しておきましょう。
　合計欄はすでに数式がコピーされているので、計算結果が表示されています。正しく入力されていれば、受入金額と源泉所得税の分だけ売掛金残高が減っているはずです。

数式がコピーされているので自動的に表示される

売掛金残高が売上の分、減っている

売掛金残高がゼロになったら

　売掛帳の売掛金残高は、回収されるにつれて額が減っていき、ある時点でゼロになります。ぴったりゼロになったら、入力した金額や数式が正しい証拠です。

　売掛金は、全額が回収されたことになります。

○○出版　殿			合計			
受入金額	仮払源泉税	差引残高	売上金額	受入金額	仮払源泉税	売掛金残高
		0	0	0	0	840,500
		0	0	29,631	3,369	807,500
		0	0	269,370	30,630	507,500
		0	0	29,631	3,369	474,500
		0	0	426,054	48,446	0

売掛金残高はやがてゼロになる

　こうなったら、売掛金回収はしばらくお休み。期末近くなって、再び売掛金が発生するまで、売掛帳も出番なしです p.126 。

28 売上が入金していたら「売上帳」にコピー&貼り付け

前年の仕事の売掛金残高が減る一方で、
今年納品した仕事の報酬、売上が発生してきます。
こちらも預金出納帳に入力しますが、
コピーする先は売上帳です。

売上は預金出納帳の売上欄に入力

　売上の預金出納帳への入力は、売掛金回収の場合とほとんど同じです 。違いは売掛金回収欄ではなく、売上欄に金額を入力すること。

	A	B	C	D	E	F
1				預金出納帳		
2	29	年		摘要	丁	
3	月	日			数	売上
28	3	10	普通預金	○○社『月刊○○』原稿料		29,631

売上の金額は「売上」欄に入力する

● 摘要欄と金額を売上帳にコピー

　次に、76ページでつくった売上帳に貼り付ける準備をします。まず、「前年より繰越」の1行を入力。売掛金欄はゼロとしておきます。
　行の末尾の合計欄には数式の入力が必要ですが、これは売掛帳と同じ数式なので、コピーして済ませることにしましょう。

	A	B	C	D	E	I
1				売上帳		
2	29	年		摘要	丁	
3	月	日			数	売掛金
4	1	1	売上	前年より繰越		0

↑ 勘定科目に「売上」　　　　　　　　↑ 売掛金欄はゼロに

　この「前年より繰越」は、経費帳にコピーする必要がありません。この「前年より繰越」の1行をコピーして、入力する行をつくります。そして売掛帳と同様に **p.120**、預金出納帳の摘要欄と、金額をコピーして受入金額欄に「値」として貼り付け。

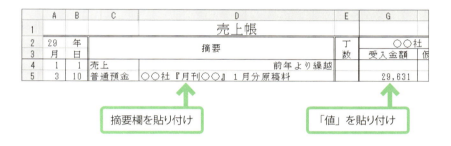

↑ 摘要欄を貼り付け　　　　　　　　↑「値」を貼り付け

 金額はコピーして、「値」を貼り付け、っと

● 売上帳の売掛金欄はゼロになる

　預金出納帳からのコピーが済んだら、売上の金額と仮払源泉税を入力して、欄を完成させます。売掛帳と同じ方法で計算して、入力してください **p.121**。

　売掛金欄の数式の入力も必要ですが、これは売掛帳と同じ数式なのでコピーして済ませます。

D	E	F	G	H	I
売上帳					
摘要	丁数		○○社　殿		
		売上金額	受入金額	仮払源泉税	売掛金
前年より繰越					0
『月刊○○』1月分原稿料		33,000	29,631	3,369	0

↑ 売上金額と仮払源泉税を入力 ↑

　売掛金欄に売掛帳の数式をコピーして貼り付けると、売上の場合はゼロとなります。ゼロになっていたら、正しい金額と数式が入力されたということです。

期末の売上は「売掛帳」に入力

　このようにして、ときどき預金出納帳から売上帳にコピーしていると、やがて期末近くなって今年中に入金しない売上が発生してきます。これは預金出納帳には入力できないので、代わりに売掛帳の出番です。

　発行した請求書などを見ながら、次のように入力してください。

D	E	F	G	H	I
売掛帳					
摘要	丁数		○○社　殿		
		売上金額	受入金額	仮払源泉税	差引残高
『月刊○○』原稿		33,000			33,000

↑ 受入金額と仮払源泉税は入力しない ↑

　実は、発生主義の原則に従って、この時点で仮払源泉税を計算する方法もあります。しかし、決算の前に得意先から送られてくる支払調書でも、ほとんどの場合、売掛金分の源泉徴収税額は記載されていません。

　ですので、ここでは仮払源泉税を入力しない方法で記帳しましょう。もし、支払調書に売掛金分の源泉徴収税額が記載されているの

なら、仮払源泉税を入力してもかまいません。

　そこで、上の入力を売上帳にコピーします。これは、期末に売上帳の売上を合計したときに、もれがないようにするためです。売掛帳と売上帳は項目の並びが同じなので、行ごとコピーできます。

請求書を発行していないときは、どうするんです？

　雑誌の連載などで、そのつど請求書を発行していない売上の売掛金は、振替伝票に記録しましょう。このように記入しておけばOKです。

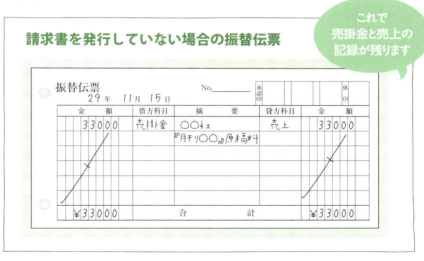

　こうして入力した売掛帳の1行を、売上帳に行ごとコピーすると次のようになります。

29 いちばんカンタンな領収書保管のしかた

ときどきする預金出納帳の入力の最後に、
現金出納帳・預金出納帳の入力に使ったレシートや伝票の
整理・保管をしておきましょう。
いちばん簡単なのは、レシートなどを紙に貼る方法です。

 経費関連と売上関連に分けて整理

　領収書やレシートなど経費関連のものと、発行した請求書など売上関連のものは、別の封筒に保管しておくとよいでしょう。

 そうそう、ファイルも別にするんでしたよね

　2冊、用意しましたからね p.78 。そこでレシートなどは、整理するときに取り出して、それぞれ経費関連のファイル、売上関連のファイルの用紙に貼っていきます。
　コピー用紙などを使うときは、先に穴をあけてファイルに綴じ込んでおいてください。

 左下から右、下から上に貼っていく

　貼り方は、レシートなどの上の端だけに糊を付けて、下側がめくれるように貼ります。そして、レシートなどにふったナンバーが見えるようにして、用紙の左下から右へ、少し上にずらしてまた左から右へ、と貼っていくのが合理的です。
　レシートなどが重なって、全部が見えなくてもかまいません。めくって見られればよいからです。
　この方法だと、すべてのレシートなどのナンバーがひと目で見られ、しかも貼るスペースが最小限で済みます。

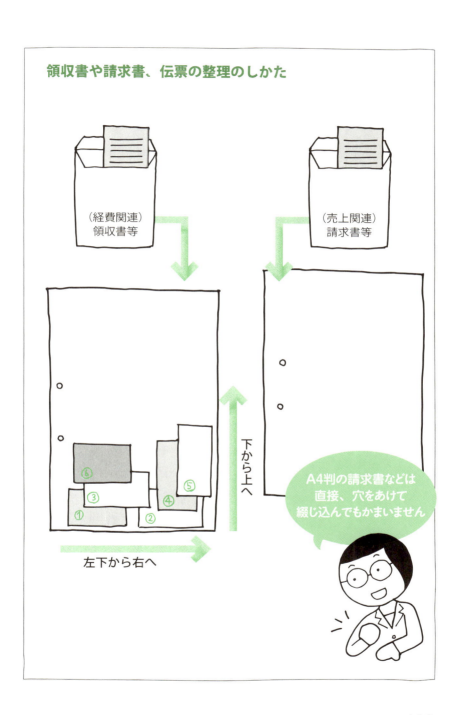

伝票もここに貼っていい？

　貼ってしまいましょう。
　もともと、レシートなどがもらえない場合の記録ですから、枚数が少なければ、別に保管することはありません。
　また、請求書をA4判の用紙などでつくっている場合は、その控えに穴をあけて直接、綴じ込んでもいいでしょう。振替伝票なども、枚数が少なければ直接、綴じ込むので充分です。
　こうしてレシートなどの整理が済むと、「ときどき」する経理の処理は完了です。

STEP 5
年に一度、「決算」をしましょう

- **30** 決算はこの手順で進めます………132
- **31** 帳簿を「締切り」ましょう………136
- **32** 「仕訳帳」と「元帳」をつくりましょう………140
- **33** 「特定勘定元帳」にまとめましょう………144
- **34** 源泉徴収された分もまとめましょう………148
- **35** 未払いの経費があったらここで計上………150
- **36** 経費から「家事分」を除きましょう………156
- **37** 「試算表」ができたら決算は終わったも同然………162
- **38** 「貸借対照表」「損益計算書」をつくりましょう………172

30 決算はこの手順で進めます

そのつど、ときどきを続けて1年が過ぎると、
年が明けて決算のシーズンになります。
決算は1年間さばいてきた経理の集大成。
ですから、ギリギリにならないよう余裕を持って進めましょう。

 翌年1月から決算をして確定申告

　決算とは、1年間の取引を総集計する、文字どおりの総決算です。
　会社では、会社が決めた事業年度ごとに行いますが、フリーランス＆個人事業主の方は、1月1日から12月31日までが事業年度。翌年1月から決算をして、確定申告に進むことになります。

 あれっ、確定申告って2月16日ごろからじゃ……

　ライターやデザイナーの方は、1月から確定申告できるケースも多いのです p.135 。ですから、本業のスケジュールも見ながら、早めに決算を始めましょう。

 在庫や固定資産がない決算は簡単

　通常の決算では、在庫の棚卸、家事消費分（かじしょうひ）の整理、減価償却といった、さまざまな処理が必要になります。これらを「決算整理（けっさんせいり）」と言います。
　しかし、在庫や固定資産を持たないフリーランス＆個人事業主の方は、これらの整理が必要ありません。
　したがって決算は比較的、簡単なものになります。この場合、決算で行う主な整理は右のようなものです。

在庫、固定資産がない場合の決算の手順

１年間記帳した帳簿の締切り

「特定取引仕訳帳」「特定勘定元帳」を作成

未払いの経費があった場合の計上

経費の「家事分」を除外

「試算表」を作成

「貸借対照表」「損益計算書」を作成

在庫や固定資産が
ある場合と比べて
とても簡単です

● 「仕訳帳」や「元帳」を使う

　これらの決算整理のほとんどは、これまで記帳してきた帳簿ではできないので、「特定取引仕訳帳」という帳簿をつくって行います p.140 。
　また、その仕訳をした結果も、これまでの帳簿だけでは記録できないので、「特定勘定元帳」という帳簿をつくって記録します p.141 。

● 「試算表」「貸借対照表」「損益計算書」をつくる

　そして決算の最終段階として、これまでのすべてをまとめた表をつくります。

「試算表」とか「貸借対照表」「損益計算書」のこと？

　そうです。試算表は、決算で行った整理も含めて、すべての勘定科目をまとめる一覧表。これをつくると、計算や記録に間違いがないか一発でわかるので、試算表という名前が付いています。
　そして試算表からつくるのが貸借対照表と損益計算書。
　貸借対照表は、決算の時点での事業の財産の状態をあらわし、損益計算書はその期の事業の損益をあらわします。この2つは「決算書」と呼ぶくらいで、文字どおり決算のゴールなのです。
　1年間、帳簿に記帳してきたのも、この2つの決算書をつくるため。きちんと記帳しなければならないのも、そうしないと決算書が正しくできないから、と言ってよいでしょう。
　それでは次項から、決算の手順を順に見ていきましょう。

Memo

「還付申告」は1月からできる？

　ライターやデザイナーなど、報酬から所得税等が源泉徴収されて支払われる人は、ほとんどの場合、払い過ぎている税金の還付を受けるために確定申告をします。
　このような、還付を受けるために行う申告を、確定申告のうちでも「還付申告」と言います。還付申告は、確定申告期間とは関係なく、翌年の1月1日からできることになっています。

 確定申告は2月16日から、じゃないんだ

　確定申告期間は通常、2月16日ごろから3月15日ごろまでですが、還付申告なら1月からでもできるわけです。
　現実的には、得意先の支払調書の添付が必要な場合などもあり、その到着を待つなど、必ず2月16日以前にできるわけではありません。でも、できる場合があることを覚えておきましょう。
　なお、還付申告は翌年1月1日から5年間できるので、何かの事情で確定申告期間にできなかったときも、後から還付申告することが可能です。
　ただし、一度還付申告をして、還付の金額を少なく申告してしまった、訂正したいという場合は、還付申告でなく「更正の請求」という手続きをします。
　更正の請求の期限も、大ざっぱに言って5年間です。

31 帳簿を「締切り」ましょう

12月31日を過ぎたら、帳簿の「締切り」を行います。
次期の記入のために、
当期の記入を整理して締め切る(終わらせる)という意味です。
まず、決算のために各項目の合計を計算しておきます。

現金出納帳・預金出納帳の項目ごとに合計を計算する

　本書の帳簿では、決算の最初にすることは各項目の合計を計算することです。現金出納帳から順にやっていきます。

　まず、例によって末尾の行をコピーして合計のための欄をつくりましょう。摘要欄には「合計」と入力します。

　次に、最初の項目の合計欄でオートSUMを選択、範囲は「前年より繰越」の次の行から末尾の行までです。この例では、F5からF110までとなっています。

	A	B	C	D	E	F
1				現金出納帳		
2	29	年		摘要	丁	売上
3	月	日			数	
111				合計		=SUM(F5:F110)

オートSUMで項目ごとの合計を計算

　この合計の関数は、全項目で共通して使えます。ですから、いちいちオートSUMするより、例によってコピーして残りに貼り付けましょう。コピーして、残高欄の手前の列まで「数式」で貼り付け。

 貼り付けのオプションを選んで、「数式」っと

ただし残高欄は、合計すると意味のない数字が表示されるので、混乱を避けるために貼り付けはしないでおきましょう。

　残高欄のほかにも、実は必要のない合計があるのですが、ジャマにはならないので、かまわず合計しておきます。

　これで現金出納帳の合計は完了です。預金出納帳も、同じ操作で合計ができます。預金出納帳の残高欄も合計は不要です。

	A	B	C	D	E	X
1				預金出納帳		
2	29	年		摘要	丁	
3	月	日			数	出金計
157				合計		2,291,422

残高欄の手前まで「数式」で貼り付け

売掛帳と売上帳の項目ごとの合計も計算する

　売掛帳も、同じ方法で各項目の合計を計算しておきます。売掛帳では得意先各社の「差引残高」欄と、合計の「売掛金残高」欄の合計が不要です。これらを避けて、残りに貼り付けましょう。

	A	B	C	D	E	AB
1				売掛帳		
2	29	年		摘要	丁	計
3	月	日			数	仮払源泉税 売
12				合計		85,814

残高欄を避けて「数式」で貼り付け

売上帳は月別の合計も計算する

　同じようにして、売上帳も各項目の合計ができます。
　ただし売上帳の場合は、全体の合計を計算した後に月別の売上も計算しておきましょう。

なんで売上帳だけ、月別の合計なの？

　青色申告決算書 p.190 に月別の売上（と仕入）の金額を記入する欄があるからです。ここで計算しておけば、決算書に記入するとき引き写すだけで済みますよ。

　ポイントは、先に全体の合計を計算してから、月別の計算をすること。そうしないと、全体の合計のオートSUMをするときに、月別の合計も合計することになってしまいます。

　そこで、月別合計のしかたですが、各月の最後の売上の後に1行、行を挿入。そして摘要欄に「○月合計」と入力します。合計欄の「売上金額」の列でオートSUMを指定し、その月の売上だけを合計します。

　青色申告決算書に記入するのは月別の売上だけなので、ほかの項目は合計しないでさしつかえありません。

1行挿入して月別の合計をオートSUM

　月によって売上の件数が異なるので、ここは数式をコピーせず、面倒でもひと月ずつオートSUMを行ってください。1件も売上がない月は、ゼロを入力しておけばよいでしょう。

経費帳では合計でなく「小計」に

　次の経費帳では、摘要を「小計」とします。後で、決算の整理を加える必要があるからです。合計は、その後で計算することになります。

	A	B	C	D	E	X
1			現金出納帳と預金出納帳をコピーした一覧表			
2	29	年		摘要	丁	
3	月	日			数	出金計
266				小計		2,429,781

「小計」としておく

Memo

もしも従業員を雇ったら

　従業員に支払う給与は「給料賃金」という経費になります。ただし、家族を従業員とする青色事業専従者 p.186 は別で、「専従者給与」という科目です。

　もちろん、どちらの場合も、一定額以上の給与の支払いには源泉徴収の義務があります。

　一方、慰安旅行など従業員の慰安その他のために支出した費用は、「福利厚生費」という経費にすることが可能です。健康保険や雇用保険などの事業主負担分も、福利厚生費にできます。

給料賃金	給料、賃金、退職金、食事などの現物給与
専従者給与	青色事業専従者に支払う給与
福利厚生費	従業員の慰安、医療、衛生、保険などのために支出した費用。従業員の健康保険、雇用保険などの事業主負担分など

源泉徴収や給与計算、社会保険事務なども忘れずに

32 「仕訳帳」と「元帳」をつくりましょう

先に説明したとおり、
決算では仕訳帳と元帳という帳簿も使用します。
帳簿を締め切ったら、次の段階からさっそく必要になるので、
ここで仕訳帳と元帳をつくっておきましょう。

「特定取引仕訳帳」とは

「仕訳」とは、取引を2つの面に分けて記録することです。この処理を行うのが仕訳帳で、複式簿記では本来、すべての取引を仕訳帳で仕訳します。

しかし本書で紹介している方法では、現金出納帳や預金出納帳などが仕訳の役目をしています **p.44**。ですから仕訳帳では、ほかの帳簿でできない仕訳だけを行います。

その意味で、「特定取引仕訳帳」という名前になっているのです。

特定取引仕訳帳は、次のような帳簿です。ほかの帳簿に比べると、ずっと短くシンプルですね。

 特定取引仕訳帳って、これだけ？

これだけです。例によって、Excelの「シートの移動またはコピー」で特定取引仕訳帳のシートをつくり、摘要欄から右側を編集するのが楽でしょう。月日欄と摘要欄はそのままでかまいません。
　その右側、「借方」「貸方」とあるのが、取引を2つの面に分けて記録する、仕訳の欄です。それぞれ、勘定科目と金額を入力します。特定取引仕訳帳では、数式もオートSUMも使用しません。
　何か記録しておきたいときのために備考欄も付けておきましょう。

「特定勘定元帳」とは

　次に、「特定勘定元帳」をつくりましょう。
　複式簿記では本来、「総勘定元帳」という帳簿にすべての取引を、勘定科目ごとに記録します。しかし本書で紹介している方法では、経費帳や売掛帳、売上帳などが元帳の役目をしています。
　ですから元帳には、ほかの帳簿にできない記録だけを行います。その意味で、「特定勘定元帳」という名前になっているのです。

特定勘定元帳もコピーでつくれますか？

　特定取引仕訳帳から、「シートの移動またはコピー」でつくれます。というのは、特定勘定元帳が次のような帳簿だからです。

あっ、特定取引仕訳帳と項目の並びが同じだ！

　数式の入力もないので、帳簿の名前を変えてそのまま使えます。ただし、特定勘定元帳は勘定科目ごとにつくるので、勘定科目名を入れる行をつくってください。

　前ページの例では「売上」の勘定科目でつくっています。特定勘定元帳という帳簿名の下に、勘定科目名が入っていることがわかりますね。ほかの勘定科目の分は、これをコピーしてつくればよいでしょう。

　以上で、特定取引仕訳帳と特定勘定元帳の項目ができました。

Memo

もしも「在庫」を持つようになったら

　商品の販売など、在庫を持つビジネスを始めると、経理はだいぶ複雑なものになります。

　まず、勘定科目としては、商品を仕入れたときに「仕入(しいれ)」。期末には、次の年に繰り越す在庫を「棚卸資産(たなおろししさん)」として処理しますが、これは要するに繰越商品のことです。

「棚卸」が必要になる

　棚卸資産という名前が付いているのは、決算に際して、在庫の「棚卸」という作業が必要になるからです。実際の在庫の数を数えるのを、「実地棚卸」と言います。

　在庫の商品名と数、その仕入金額は、「棚卸表」という表を用意して記録することが必要です。

「売上原価」の計算が必要になる

なぜ棚卸が必要かと言うと、その年に売れた商品の原価 ──「売上原価」というものを計算する必要があるからです。

売上原価は、前年の繰越商品、つまり「期首商品棚卸高」に仕入金額を足し、今年の繰越商品である「期末商品棚卸高」を引いて求めます。

青色申告決算書では、売上金額からこの売上原価を引き、それから経費を引くという順番になります。

つくって売るなら「原価計算」が必要になる

製品をつくって売るとなると、さらにたいへんです。

「期首製品棚卸高」に「製品製造原価」を足し、「期末製品棚卸高」を引いて売上原価を求める点は同じですが、製品製造原価を計算するには、「原価計算」という特別な計算をしなければなりません。

こうした販売業や製造業の方に比べれば、経理を簡単にさばける職種の人はラッキーだと思わなければなりませんね。

33 「特定勘定元帳」に まとめましょう

特定勘定元帳は、
ほかの帳簿でまとめられない勘定科目をまとめる元帳です。
これにまとめる勘定科目としては、たとえば売上があります。
ほかには、どの勘定科目が特定勘定元帳に必要でしょうか。

 ほかの帳簿にまとめられない勘定科目をまとめる

　たとえば売上は、預金出納帳と売上帳、売掛帳に分散して記録されているので、一覧できるようにまとめておく必要があります。このような勘定科目をまとめるのが特定勘定元帳です。

 ほかにはどの勘定科目が特定勘定元帳かなあ

　どの勘定科目が、複数の帳簿に分散して記録されているか、各帳簿の勘定科目をチェックしてみましょう。
　通常は売上のほか、事業主貸、事業主借、それに元入金などが特定勘定元帳にまとめる勘定科目です。

● 「売上」をまとめる

　それでは、売上から順に特定勘定元帳に入力していきましょう。
　これは決算の段階でまとめるので、月日はすべて12月31日です。
　また、特定勘定元帳の摘要欄には、どの帳簿からコピーした金額かを入力することになっています。
　そこで売上について考えてみると、本書では期中現金主義をとっているので p.52 、期中の売上の合計は預金出納帳の末尾、合計欄にあります。
　ただし、預金出納帳の売上は仮払源泉税を源泉徴収された後の金

額なので、仮払源泉税の合計を足すことが必要です。この合計は、仮払源泉税を計算するためにつくった売上帳の小計欄にあります。

さらに、期末に近くなり売掛金として発生した売上は売掛帳の末尾、小計欄です。

以上をまとめて、売上勘定を入力してみると次のようになります。

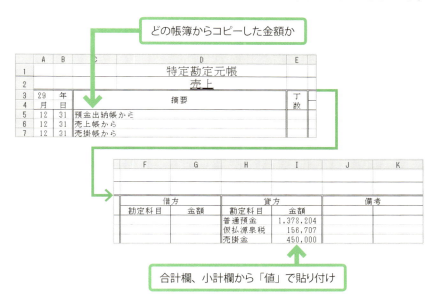

売上は貸方、勘定科目はそれぞれのものを、金額は「値」で貼り付けます。

「事業主貸」「事業主借」「元入金」をまとめる

同様に、事業主貸を入力してみると次のページのようになりました。本書の例では、事業主貸は預金出納帳だけにありましたが、現金出納帳にもある場合は加えてください。

どちらの場合も、事業主貸は借方です。事業主への貸付けと考えてください。

18			事業主貸		
19	29	年	摘要		丁数
20	月	日			
21	12	31	預金出納帳から		

借方		貸方		備考
勘定科目	金額	勘定科目	金額	
普通預金	700,000			

　事業主借は、現金出納帳と預金出納帳にあります。事業主借は貸方です。事業主からの借金と考えてください。

31			事業主借		
32	29	年	摘要		丁数
33	月	日			
34	12	31	現金出納帳から		
35	12	31	預金出納帳から		

借方		貸方		備考
勘定科目	金額	勘定科目	金額	
		現金	60,000	
		普通預金	220,000	

次に元入金ですが、記帳初年度の元入金は……。

 元入金って前にも出てきたけど、何だっけ？

　会社でいう資本金のようなものですね。具体的には、初年度はいちばんはじめの現金出納帳、預金出納帳、売掛帳の、「前年より繰越」の合計です。ですから、次のようになります。元入金は貸方です。

39			元入金	
40	29	年	摘要	丁
41	月	日		数
42	12	31	現金出納帳から	
43	12	31	預金出納帳から	
44	12	31	売掛帳から	

借方		貸方		備考
勘定科目	金額	勘定科目	金額	
		現金	12,000	
		普通預金	120,000	
		売掛金	840,500	

　この特定勘定元帳は後ほど締め切りますが、まだ記帳することが残っているので、いったんここまでとしておきます。

Memo

回収できない売上が発生したら

　得意先が倒産したなど、売掛金としていたものが回収ができなくなった場合は、『貸倒金（かしだおれきん）』として経費にすることが認められます。

貸倒金	売掛金などの貸倒損失

計上するときは税務署などに相談しましょう

　ただし条件によっては、全額を貸倒金にできない場合や、そもそも貸倒金にできない場合があります。実際に回収できなくなった場合は、貸倒金にできるかどうか、税務署などに相談してみましょう。

34 源泉徴収された分も まとめましょう

もうひとつ、特定勘定元帳にまとめておきたいのが源泉徴収された仮払源泉税です。
源泉徴収をされるフリーランス＆個人事業主の方にとっては、仮払源泉税は重要な意味があります。

仮払源泉税を特定勘定元帳にまとめる

　仮払源泉税は、事業主個人に課税される税金なので、事業主貸と同じ性質の科目です。そこで、事業主貸として処理をする方法もあります。しかし、売上のすべてを原稿料として受け取る場合などは、収入の全額から源泉徴収されることになるので、非常に重要です。

 ボクの場合、源泉徴収されない振込みはありません

　原稿料などは、支払うときに源泉徴収の義務があるからですよ。
　でも、確定申告の際に源泉徴収された税額を申告することにより、納め過ぎた税金が還付されます p.20 。その申告のためにもしっかり把握しておく必要があるでしょう。事業主貸として処理すると、ほかの事業主貸と一緒になってしまうので、ここでは別に「仮払源泉税」として処理することにします。

仮払源泉税は事業主貸の前に

　仮払源泉税の金額は、売掛帳と売上帳の合計にあります。これをまとめるわけですが、その欄は特定勘定元帳の事業主貸の前に行を挿入してつくってください。

 特定勘定元帳の最後じゃいけないんですか？

仮払源泉税は、青色申告決算書にあらかじめ印刷されていません。ですから自分で記入することになりますが、そのための空欄は事業主貸の前にあるのです。
　そこで事業主貸の前に行を挿入し、ほかの勘定をコピーして仮払源泉税の勘定をつくったら、後は元入金などと同じ操作でできます。

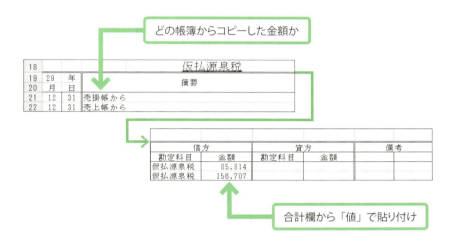

元入金の計算で仮払源泉税も差し引く

　このように仮払源泉税の科目を別にたてたときは、次の年の元入金の計算をするときに注意してください。
　次の年の元入金に次のように説明されていることがあります。

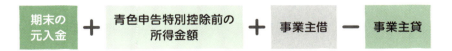

　しかし、ここからさらに仮払源泉税を引く必要があります p.198 。上の式は、元入金は資産の総額から負債の総額を差し引いて求めることができるという意味なのですが、仮払源泉税を差し引くことによって、同じ結果になります。

35 未払いの経費があったらここで計上

特定取引仕訳帳と特定勘定元帳ができたので、
次の決算整理に入りましょう。
ここで未払いの経費などがないか、チェックをしておきます。
あったら特定取引仕訳帳の出番です。

 年末に未払いの経費が発生することがある

　月末に預金から引落しされる経費などは、曜日の関係で引落しが翌月初にずれることがあります。ふだんの月はそれでも大丈夫ですが、これが年末に起こると引落しが翌年になって経費の未払いが発生します。

 預金出納帳に記帳してはいけないの？

　預金出納帳は12月31日に締め切っていますから p.136 、翌年の記帳をすることができません。
　本書では、支払いが発生した月日で記帳する簡便な方法をとっていますが、こうしたことが起こると1年間で11ヵ月分の経費しか記帳されないことになってしまいます p.111 。

● **未払金は特定取引仕訳帳で「仕訳」を行う**

　それでは困るので、「未払金」として整理することが必要になるのです。「未払費用」という勘定科目もありますが、青色申告決算書には未払金があらかじめ印刷されているので、こちらを使うことにしましょう。
　未払金の記帳は、特定取引仕訳帳から始めます。まず、特定取引仕訳帳に、12月31日の月日で次のように摘要を入力します。

ほかの帳簿の摘要欄にあった勘定科目は、借方・貸方にそれぞれあるので不要です。かまわず、左の欄から入力しましょう。

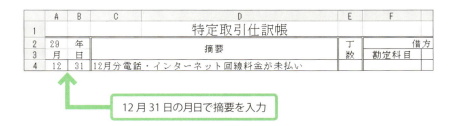

12月31日の月日で摘要を入力

　次に、借方と貸方は次のような入力です。左と右、借方と貸方を間違えないように。

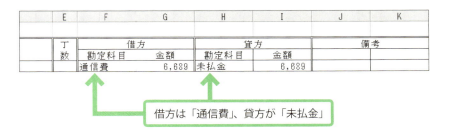

借方は「通信費」、貸方が「未払金」

　これで特定取引仕訳帳の入力は完了です。

● 未払いの通信費は経費帳にコピー

　複式簿記では本来、仕訳帳で行った仕訳を総勘定元帳に書き写します。これを「転記（てんき）」と言います。
　本書で紹介している方法では、現金出納帳や預金出納帳から経費帳などに行ごとコピーしましたね。これが転記の役目をしているわけです。
　ですから、特定取引仕訳帳で行った仕訳もほかの帳簿に転記——コピーしなければなりません。
　まず、借方は通信費という経費にプラスする金額ですから、経費帳にコピーします。

経費帳で小計の行の下に1行つくって、月日欄と摘要欄はそのままコピー。借方の金額は、通信費の列に値としてコピーします。

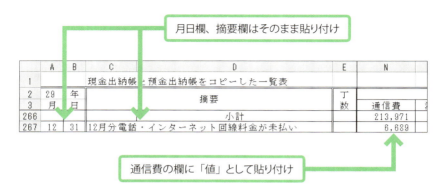

未払金は特定勘定元帳に「転記」＝コピーする

　一方、貸方の未払金は、経費帳などほかの帳簿にコピーする場所がありません。
　そこで再び、特定勘定元帳の出番になります。特定勘定元帳の「売上」勘定の下に行を挿入して売上勘定をコピーし、「未払金」勘定をつくって入力しましょう。

　上のように月日は12月31日、摘要欄にはどこから転記――コピーしたかを入力します。
　次に、借方・貸方は次のようにコピーします。これは未払金の勘定なので、勘定科目欄には相手方の勘定科目――すなわち通信費を

コピーすることに注意してください。

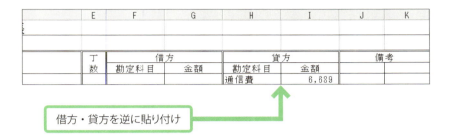

借方・貸方を逆に貼り付け

 相手方の勘定科目をコピーなんて、まぎらわしいなあ

特定取引仕訳帳から特定勘定元帳へのコピーのときは、相手方の勘定科目になると覚えておくとよいでしょう。

以上で特定勘定元帳への入力も完了です。

未払金が発生したとき翌年の整理は

ちなみに、12月31日の月日で計上された未払金は、翌年の支払いで解消されます。その記帳も見ておきましょう。

翌年初に支払ったときの預金出納帳への記帳は、ほかの記帳と同様にしておきます。

	A	B	C	D	E	N
1				預金出納帳		
2	30	年		摘要	丁	通信費
3	月	日			数	
5	1	5	普通預金	12月分電話・インターネット回線料金		6,689

未払金でも普通に記帳しておく

経費帳へのコピーも、ほかの記帳と同様です。

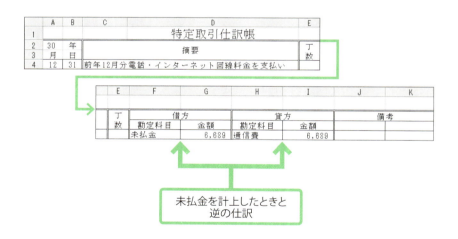

しかし、このままでは今年、未払金として計上した通信費が、翌年も通信費に計上されてしまいます。翌々年1月から行う翌年の決算で、整理することにしましょう。

まず、特定取引仕訳帳で未払金を計上したときと逆の仕訳をします p.151 。

借方の未払金は、特定勘定元帳に転記＝コピー。勘定科目欄は、相手方の勘定科目——通信費とするのでしたね p.153 。これで前年より繰り越した未払金と、翌年の支払いが相殺されます。

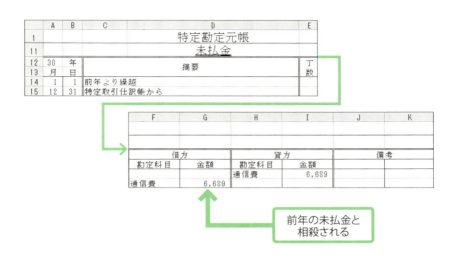

貸方の通信費は、経費からマイナスされる金額ですから、経費帳の小計の下にコピー p.138 します。前年に未払金として計上した分を、ここで除くわけです。

ただし、この金額は去年の金額なので、マイナスの金額です。貼り付けた後にマイナス記号（△）を加えておきます。

	A	B	C	D	E	N
1			現金出納帳と預金出納帳をコピーした一覧表			
2	30	年	摘要		丁	通信費
3	月	日			数	
266			小計			225,537
267	12	31	前年12月分電話・インターネット回線料金を支払い			△ 6,689

貼り付けた後、マイナスにする

このようにして、翌年の未払金の整理ができます。

36 経費から「家事分」を除きましょう

家賃などには、事業のためでなく、
プライベートのために使っている分が含まれていることがあります。
決算でそれを除いておかないと、
経費の水増しになってしまいますね。

「自宅兼事務所」のときに家事分が……

フリーランス＆個人事業主の方の中には、自宅で仕事をしている方も多いでしょう。つまり、自宅兼事務所という状態です。

 ボクもそうだけど、自宅兼事務所の人多いんじゃないかな

その場合、事務所の分の家賃は経費ですが、自宅の分の家賃は経費にできません。このようなプライベートの分を「家事分（かじぶん）」と言います。

家事分は家賃の地代家賃だけでなく、電気・ガス・水道などの水道光熱費、電話やインターネットの通信費などにも含まれています。家事分がある場合は、決算で家事分を除く整理が必要です。

●「家事按分」の割合を決めておく

では、どれだけ除けばいいでしょう。これには、合理的な根拠が必要とされます。面積や時間など、数字であらわせるものを基準に決めましょう。たとえば、床面積のうち3分の2は仕事で使っていないプライベートのスペース、電話やインターネットを使っている時間の10分の1はプライベート、といった具合です。

このように家事分を分けることを「家事按分」と言いますが、家事按分の割合は勘定科目ごとに、あらかじめ決めておくとよいでしょう。

● **家事分は事業主貸になる**

　家事分は、本来プライベートな出金が事業用のサイフから出ていると考えられます。ですから、対応する勘定科目は事業主貸です p.57 。

　家事分を除外する整理は、ほかの帳簿でできないので、特定取引仕訳帳で行います。たとえば水道光熱費の場合、摘要欄は次のような入力です。

	A	B	C	D	E	F
1				特定取引仕訳帳		
2	29	年		摘要	丁	借方
3	月	日			数	勘定科目
5	12	31	家事分を水道光熱費から除外（2/3）			

「家事分を○○から除外」と入力

　家事按分の割合も書いておくと、1年たって次の年の決算をするときにも同じ整理ができます。理由なく毎年、割合を変えるようなことをしてはいけません。

　次に借方・貸方は次のようになります。

E	F	G	H	I	J	K
丁	借方		貸方		備考	
数	勘定科目	金額	勘定科目	金額		
	事業主貸	99,563	水道光熱費	99,563		

経費の家事分は事業主貸になる

　未払い経費の整理では、経費にプラスする金額だったので、経費

の勘定科目が借方でした p.151 。家事分の除外は、経費からマイナスする金額なので貸方になります。

借方は、本来の家事分の勘定科目、事業主貸です。

これで家事分を除外する特定取引仕訳帳の入力が完了です。

● 事業主貸は特定勘定元帳に転記

特定取引仕訳帳に入力したら、転記──コピーをします。借方は事業主貸にプラスされる金額です。

事業主貸はほかの帳簿では……。

ほかの帳簿にできないから特定勘定元帳！

特定勘定元帳には預金出納帳からの転記のために、すでに事業主貸の勘定がつくってあります。それに続けてコピーしましょう。勘定科目は、相手方の水道光熱費です。

	A	B	C	D	E
1				特定勘定元帳	
19				事業主貸	
20	29	年		摘要	丁
21		月	日		数
22		12	31	預金出納帳から	
23		12	31	特定取引仕訳帳から	

F	G	H	I	J	K
借方		貸方		備考	
勘定科目	金額	勘定科目	金額		
普通預金	700,000				
水道光熱費	99,563				

借方の事業主貸は水道光熱費からマイナスされる金額ですから、経費帳にコピーします。

経費帳には未払い通信費が入力されているので、それに続けましょう。ほかの経費の家事分もこの行でマイナスしたいので、摘要欄の勘定科目名は消しておきます。マイナスにすることも忘れずに。

	A	B	C	D	E	L
1			現金出納帳と預金出納帳をコピーした一覧表			
2	29	年	摘要		丁	水道光熱費
3	月	日			数	
266			小計			149,344
267	12	31	12月分電話・インターネット回線料金が未払い			
268	12	31	家事分を除外			△ 99,563

ほかの家事分も
この行でマイナスする

これで、水道光熱費から家事分を除外する整理が終わりました。

水道光熱費以外の家事分は

続いて、ほかの経費からも家事分を除外する整理をすると、特定取引仕訳帳の家事分除外は次のようになります。

	A	B	C	D	E
1			特定取引仕訳帳		
2	29	年	摘要		丁
3	月	日			数
6	12	31	家事分を通信費から除外（預金から支出分の1/10）		
7	12	31	家事分を地代家賃から除外（2/3）		
8	12	31	家事分を雑費から除外（2/3）		

	F	G	H	I	J	K
	借方		貸方		備考	
	勘定科目	金額	勘定科目	金額		
	事業主貸	18,466	通信費	18,466		
	事業主貸	622,080	地代家賃	622,080		
	事業主貸	2,000	雑費	2,000		

● 経費帳と特定勘定元帳に転記

水道光熱費と同様、特定勘定元帳の家事分除外は次のようになります。

24	12	31	特定取引仕訳帳から		
25	12	31	特定取引仕訳帳から		
26	12	31	特定取引仕訳帳から		

通信費	18,466			
地代家賃	622,080			
雑費	2,000			

また、経費帳にもコピーします。水道光熱費以外は次のとおりです。マイナスにするのを忘れずに。

M	N	O	P	Q	R	S
			経費			
旅費交通費	通信費	消耗品費	地代家賃	新聞図書費	事務用品費	雑費
	△ 18,466		△ 622,080			△ 2,000

● 経費帳の合計を計算しましょう

家事分の除外が済むと、小計しか計算していなかった経費帳の合計が計算できます。ここでやっておきましょう。

 またオートSUMでいいですか？

家事分の除外の次の行に合計の行をつくって、オートSUMを使いましょう。範囲は小計の行から直前の行、この例では「家事分を除外」とある行までです。

	A	B	C	D	E	L
1			現金出納帳と預金出納帳をコピーした一覧表			
2	29	年	摘要		丁	
3	月	日			数	水道光熱費
266				小計		149,344
267	12	31	12月分電話・インターネット回線料金を未払金に計上			
268	12	31	家事分を除外			△ 99,563
269				合計		49,781

オートSUMで合計を計算する

小計のときと同様、ひとつ合計したら数式を貼り付けるのが簡単です p.136 。合計しなくていい列もありますが、かまわず全部の列で合計を計算しておきましょう。

水道光熱費以外の経費欄は、次のようになります。

M	N	O	P	Q	R	S
			経費			
旅費交通費	通信費	消耗品費	地代家賃	新聞図書費	事務用品費	雑費
28,000	207,282	205,243	933,120	111,901	11,891	3,000
	6,689					
	△ 18,466		△ 622,080			△ 2,000
28,000	195,505	205,243	311,040	111,901	11,891	1,000

これで、家事分を除外する整理が終わりました。

Memo

事業のために借金をしていたら

　事業のための借金は、「借入金」という勘定科目になります。未払金などと同じく、貸借対照表で「負債」に分類される科目です。
　と言うより、未払金が借入金と同じく負債に分類される勘定科目なのです。
　また、借入金の利子は「利子割引料」という経費になります。

利子割引料	借入金の利子や受取手形の割引料など

　もちろん、生活費のためなどプライベートでした借金を借入金にすることはできません。また、その利子を利子割引料にすることもできません。

37 「試算表」ができたら決算は終わったも同然

決算のゴールは貸借対照表と損益計算書ですが、
この2つの決算書は試算表の金額をコピーしてつくれます。
ですから、試算表ができたら
決算は終わったも同然、なのです。

特定勘定元帳の合計を計算しておく

　貸借対照表と損益計算書というのは、大ざっぱに言うと試算表を切り分けてつくる決算書です p.172 。1年間のすべての数字が集まっているのは、実は試算表のほうなのです。

　経費帳や売掛帳、売上帳の合計を計算したのも、その合計の金額から試算表をつくるためです。

　そこでいよいよ試算表にとりかかりますが、その前にもうひとつだけ合計を計算していない帳簿があります。

合計していないのは……特定取引仕訳帳と特定勘定元帳？

　仕訳帳は合計しても意味がないので、合計を計算したいのは特定勘定元帳のほうです。それでは、元帳の合計から始めましょう。

●「試算表へ」の行をつくる

　ここでは売上の勘定を例に説明しますが、やり方はすべて同じです。まず、売上勘定の末尾の行の下に2行挿入して、1行目には12月31日の月日と、摘要欄に「試算表へ」と入力します。合計を計算すると、この行に試算表へコピーする金額があらわれるのです。

　2行目は空欄でかまいません。

	A	B	C	D	E
1				特定勘定元帳	
2				売上	
3	29	年		摘要	丁
4	月	日			数
5	12	31	預金出納帳から		
6	12	31	売上帳から		
7	12	31	売掛帳から		
8	12	31	試算表へ		
9					

「試算表へ」と入力

　次に、借方か貸方のどちらか入力があるほうの金額欄の2行目で、オートSUMを選択して金額を合計します。オートSUMの範囲には、必ず挿入した1行目の空欄を含めてください。

　このオートSUMの数式を、反対側の借方か貸方にコピーします。何も入力されていないので、最初はゼロが表示されるはずです。

　そこで、借方と貸方の金額が一致するように、空欄に反対側の合計の金額を入力。下のようになれば、合計が完了です。

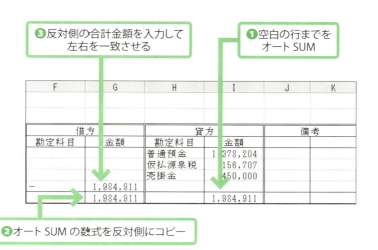

❸反対側の合計金額を入力して左右を一致させる
❶空白の行までをオートSUM
❷オートSUMの数式を反対側にコピー

この場合、借方の勘定科目欄は勘定科目でないので、「－」を入力しておきましょう。この金額は、摘要欄に入力したように、「試算表へ」コピーするためにあるのです。

● ほかの勘定にも「試算表へ」の行をつくる

同様に、特定勘定元帳のほかの勘定も「試算表へ」の行を完成しておきます。この例では、各勘定は次のようになりました。

| 15 | 12 | 31 | 試算表へ | | | |
| 16 | | | | | | |

	借方		貸方		備考
	勘定科目	金額	勘定科目	金額	

未払金

－	6,689			
	6,689		6,689	

仮払源泉税

		－	242,521	
	242,521		242,521	

事業主貸

		－	1,684,630	
	1,684,630		1,684,630	

事業主借

－	280,000			
	280,000		280,000	

元入金

－	972,500			
	972,500		972,500	

試算表とはどういうものか

これで試算表にコピーする準備ができました。試算表とは、166ページのような表です。厳密に言えば、合計と残高を計算する試算表があり、両方を記載する合計残高試算表もあります。

166ページの例は残高試算表ですが、フリーランス＆個人事業主の決算ではこれで充分です。

自分で帳簿をつくっている人は、金額以外をあらかじめつくっておくとよいでしょう。最後にオートSUMで合計を計算する以外、数式の入力はありません。

ダウンロードした「帳簿Excelブック」では、金額以外の要素が入力されています。

 関係ない勘定科目も、いっぱいあるんですけど……

在庫と固定資産を持たない人には不要な勘定科目の欄も、つくってあります。これは、青色申告決算書の勘定科目に合わせたためです。このほうが、決算書に記入する際に混乱しないで済みます。

試算表のつくり方

この試算表に金額をコピーしていくわけですが、どの帳簿からコピーするかを説明しましょう。合計欄からのコピーが多いので、値でコピー&貼り付けすることを忘れずに。

現金

現金出納帳の残高欄の末尾からコピーします。本書の例では、次のようになっていました。

雑費	経費計	現金引出し	諸口	事業主貸	出金計	残高
	226				226	13,641
3,000	138,359	0	0	0	138,359	

最後の残高をコピーする

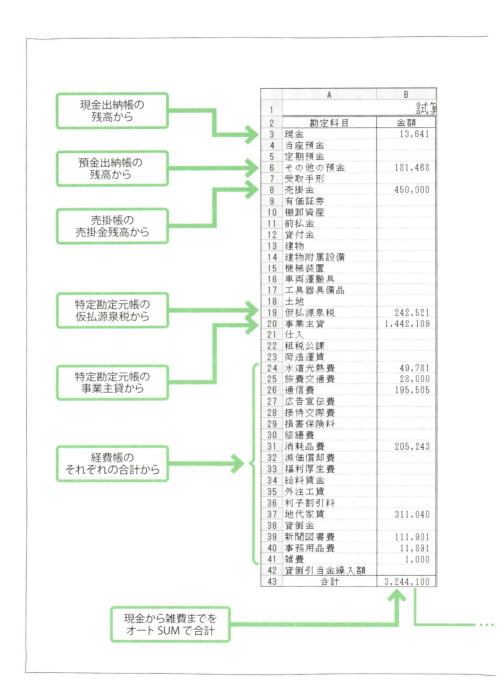

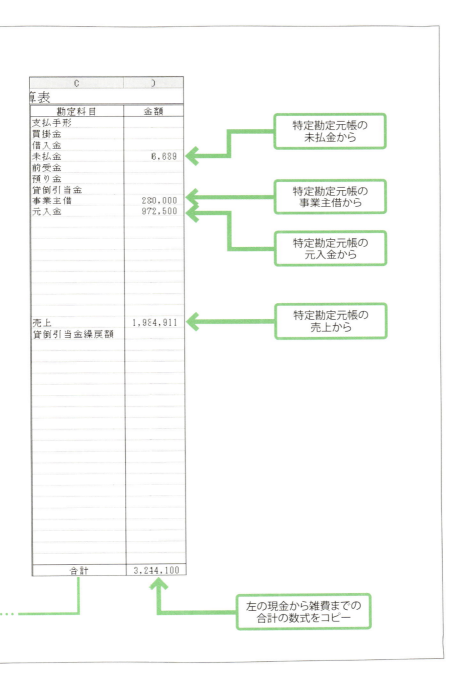

現金出納帳の残高は、事業用のサイフ p.84 の現金残高と一致するはずです。チェックしてください。もし違っていたら、記帳か現金のどちらかに間違いがあります。

そのほかの預金

預金出納帳の残高欄の末尾からコピーします。本書の例では、次のようになっていました。

雑費	経費計	預金預入れ	諸口	事業主貸	出金計	残高
	77,760				77,760	181,468
0	1,511,422	80,000	0	700,000	2,291,422	

最後の残高をコピーする

預金出納帳の残高は、預金通帳の12月31日の残高と一致するはずです。間違いがないかチェックしてください。

売掛金

売掛帳の合計売掛金残高欄の末尾からコピーします。本書の例では、次のようになっていました。

○○出版　殿			合計			
受入金額	仮払源泉税	差引残高	売上金額	受入金額	仮払源泉税	売掛金残高
		384,000	33,000	0	0	450,000
0	0		450,000	754,686	85,814	
					-85,814	
			450,000	754,686	0	

最後の売掛金残高をコピーする

売掛金の残高は、売上帳の合計売掛金の合計の行にもあらわれています。同じ金額になっているか、チェックしましょう。

事業主貸

特定勘定元帳の事業主貸から「試算表へ」の金額をコピーします p.164 。

水道光熱費から雑費まで

これらは経費ですから、経費帳のそれぞれの合計の金額をコピーします p.160 。

未払金

特定勘定元帳の未払金から「試算表へ」の金額をコピーします p.164 。

仮払源泉税

特定勘定元帳の仮払源泉税から「試算表へ」の金額をコピーします p.164 。

事業主借

特定勘定元帳の事業主借から「試算表へ」の金額をコピーします p.164 。

元入金

特定勘定元帳の元入金から「試算表へ」の金額をコピーします p.164 。

 元入金って、現金出納帳と預金出納帳をコピーした一覧表にもありましたよね？

　記帳初年度は、現金出納帳と預金出納帳と売掛帳の「前年より繰越」の合計が元入金です p.119 。同じ金額になっているか、チェックしてください。

売上

特定勘定元帳の売上から「試算表へ」の金額をコピーします。

売上は、売上帳の合計欄の売上金額のいちばん下、合計の行にもあらわれています。同じ金額になっているか、チェックしましょう。

○○出版　殿			合計			
受入金額	仮払源泉税	売掛金	売上金額	受入金額	仮払源泉税	売掛金
			1,984,911	1,378,204	0	

特定勘定元帳の売上金額と同じかチェックする

以上で帳簿から試算表へのコピーが完了です。

 借方・貸方が一致したら試算表の完成

金額のコピーが終わったら、試算表の合計を計算します。166ページのように、左側（借方）の合計欄でオートSUMを選択しましょう。合計の範囲は現金から雑費までです。

次に、その数式をコピーして、右側（貸方）の合計欄に貼り付け。借方・貸方に同じ金額が表示されたら、試算表の完成です。

もし、一致しなかったら？

一致しない差額を手がかりに原因を見つけ、訂正してください。

それには、これまで説明してきた金額のチェック方法のほか、右上のような各帳簿の金額の関係がヒントになります。計算してみて、この関係にならなかったら、その中に間違いがあるはずです。

各帳簿の金額の関係

事業主貸
現金出納帳と預金出納帳の事業主貸、経費帳の「家事分を除外」の行の経費の合計（プラスに戻す）、売掛帳と売上帳の仮払源泉税を足した金額が、事業主貸になる

経費
現金出納帳の経費の合計と預金出納帳の経費の合計を足した金額が、経費帳の小計になる

事業主借
現金出納帳と預金出納帳の事業主借を足した金額が、事業主借になる

Memo

「貸倒引当金」って何？

　試算表には、「貸倒引当金」という勘定科目が記載されています。「貸倒引当金繰入額」「貸倒引当金繰戻額」という科目も見られます。

　これは将来、発生する貸倒れを、あらかじめ当期の経費として引き当てておく――計上しておくものです。その貸倒れの原因となる売上は、当期か当期以前になければなりません。

　当期、貸倒引当金に繰り入れる額が、貸倒引当金繰入額です。この分は、経費と同様に売上から差し引くことができますが、繰り入れられる額は細かく定められています。

　また、前年の繰入額は当期に繰り戻して、利益となりますが、これが貸倒引当金繰戻額です。

38 「貸借対照表」「損益計算書」をつくりましょう

いよいよ決算のゴールです。
貸借対照表と損益計算書をつくりましょう。
貸借対照表と損益計算書は、
前項でつくった試算表からつくれます。

貸借対照表と損益計算書とは

試算表から貸借対照表と損益計算書をつくるには、試算表を切り分けます。

 せっかくつくった試算表を、なぜ切り分けるの？

貸借対照表は事業の財産の状態を、損益計算書は事業の損益をあらわす決算書だからです。

試算表には、その両方がまとめられています。ですから、貸借対照表で財産をあらわす金額と、損益計算書で損益をあらわす金額に分ける必要があるのです。

● 試算表から貸借対照表・損益計算書ができるワケ

青色申告決算書の貸借対照表には、「資産負債調（しさんふさいしらべ）」という副題が付いています。複式簿記では、お金が形を変えて財産になっているものを「資産（しさん）」、そのお金の出どころを「負債」あるいは「純資産（じゅんしさん）」と言うのです。

どこかから借りているお金を負債、自前の元入金などを純資産と言います。一方、売上などは「収益」、経費などは「費用」と呼びます。そして試算表は通常、次の図のような状態になっているのです。

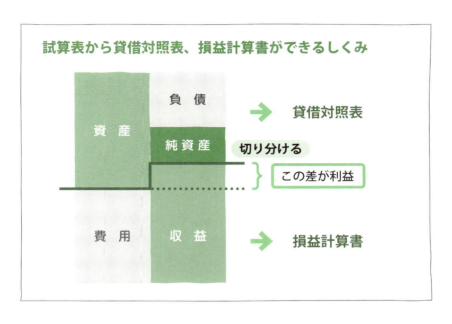

　166ページの試算表で、それぞれの勘定科目がこの並びになっているのを見てください。

　そこで、資産と費用の間、純資産と収益の間で試算表を切り分けると、貸借対照表と損益計算書ができるというわけです。

● 貸借対照表、損益計算書で「儲け」がわかる

　ところで、貸借対照表は次のような等式であらわされる決算書です。

　しかし、上の図では負債と純資産の合計が資産とイコールになっていません。実は、この差が複式簿記で言う「利益」、フリーランス＆個人事業主の申告書で言う「所得」なのです。要するに、事業の儲けということですね。

　次に説明するように、利益（所得）を足すと、貸借対照表はピタリと左右がイコールになります。

貸借対照表、損益計算書のつくり方

それでは貸借対照表からつくりましょう。右が貸借対照表です。

 って、試算表の上半分とほとんど同じじゃん

はい、ほとんど同じです。資産、負債、純資産をまとめるために少し並べ替えていますが、順番や金額は変えていません。帳簿を自分でつくっている人は、試算表をコピーしてつくったほうが早いかもしれませんね。

ただしその場合は、必ず2行目のように「～現在」の年月日を入れることです。貸借対照表は、12月31日時点の財産の状態をあらわす決算書なので、その年月日を示しておく必要があるのです。

ダウンロードした「帳簿Excelブック」 p.11 を使っている人は、試算表から金額だけを「値」でコピーしてください。

● **貸借対照表は左右に分けて記載する**

試算表から金額をコピーしたら、試算表と同じ方法で左右の合計のオートSUMをします p.170 。すると、最初は左右の合計が一致しません。

そこでその差額を電卓などで計算して、右下の「所得金額」に入力しましょう。

これで貸借対照表の左右（借方・貸方）が一致して完成し、同時に所得の金額も計算できたというわけです。

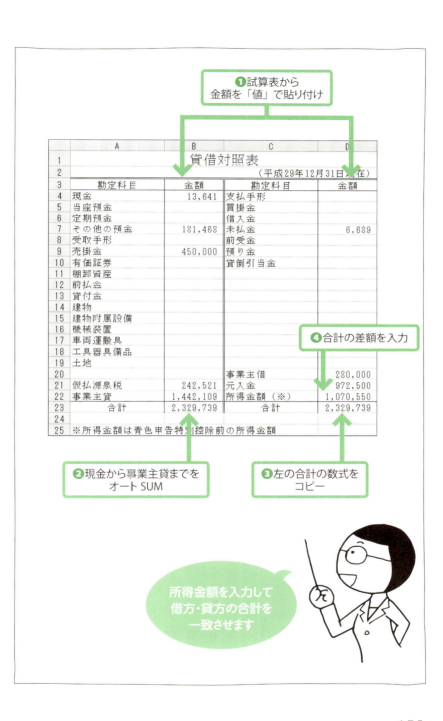

● **損益計算書は上から順に記載する**

続いて損益計算書をつくります。損益計算書は、右のような決算書です。

うわっ、試算表とぜんぜん違う！

損益計算書は、173ページの図のように「費用＋利益＝収益」となる決算書ですが、ここでは並べ替えて「収益－費用＝利益」の順であらわしています。

試算表や貸借対照表のように、借方・貸方に分けて記載する方式を「勘定式」、この損益計算書のように順に記載する方式を「報告式」と言います。貸借対照表は勘定式ですが、損益計算書は報告式でつくるほうが一般的なのです。

報告式では、差引金額の数式の入力が必要になりますが、簡単な足し算引き算だけです。すると、所得金額欄には……。

おーっ、こんなに複雑な計算をしているのに貸借対照表とピッタリ！

ピッタリ、1円の違いもなく、貸借対照表と同じ所得金額になります。試算表で借方・貸方の金額が一致しているので、当たり前と言えば当たり前なのですが。

なお、損益計算書は1年間の損益をあらわすので、2行目は「自～至～」という年月日の表示になります。これも、損益計算書の必須事項です。

これで貸借対照表と損益計算書ができました。最後に、帳簿をプリントアウトすることを忘れずに p.199 。

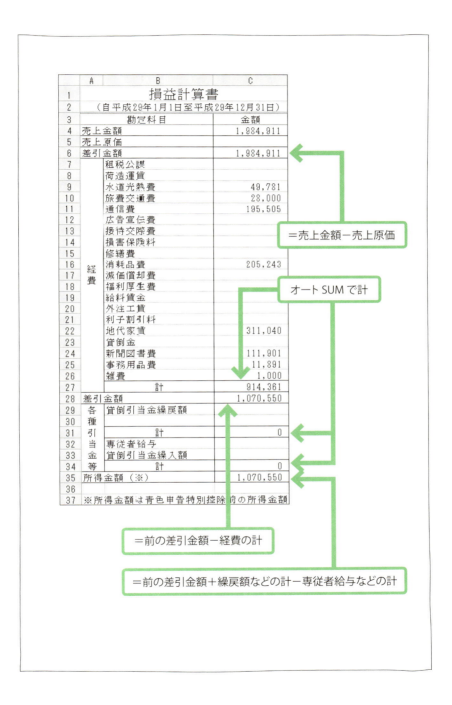

Memo

「月次決算」「半期決算」もできる

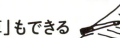

　決算は1年が終わってからに限らず、いつでも、その時点までの数字で行うことができます。

　月ごとに決算を行うのが「月次決算」です。会社では、リアルタイムに業績を知るために、月次決算がよく行われます。

　同様に、6カ月で行う「半期決算」、3カ月ごとに行う「4半期決算」もあります。

STEP 6
始める前に これだけはしておくこと

39 青色申告をするなら「所得税の青色申告承認申請書」…………180

40 事業を始めるなら「個人事業の開業届出書」…………184

41 家族に給与を払うなら「青色事業専従者給与に関する届出書」…………186

39 青色申告をするなら「所得税の青色申告承認申請書」

そのつどの記帳から決算まで、できる自信が持てたら
確定申告をするのに必要な手続きをしましょう。
青色申告をする場合、
最低限必要になるのが青色申告承認申請書の提出です。

 青色申告の承認申請は3月15日までに

　青色申告を行おうという人は、始める年の3月15日までに「所得税の青色申告承認申請書」を所轄の税務署に提出します。この期限を過ぎると、その年は青色申告ができません。

 じゃあ、4月に開業した人は青色申告ができないの？

　1月16日以後に新しく開業した人は、事業開始の日から2ヵ月以内が提出の期限です。

● **申請書はダウンロードか、税務署の窓口で**

　青色申告承認申請書をはじめ、ここで紹介する申請書、届出書の用紙は、国税庁のホームページからダウンロードできます。それぞれの申請書、届出書の名称で検索してみてください。
　いずれも、ダウンロードしたPDF形式のファイルに、そのまま入力して印刷できるので便利です。
　申請書、届出書の用紙は、税務署の窓口で入手することもできます。用紙が入手できるだけでなく、税務署では書き方のわからない点、提出のしかた、郵送での提出が可能かどうかなども教えてもらえます。
　わからないことがあったら、問い合わせて教えてもらいましょう。簡単なことなら、電話での問い合わせでも答えてもらえます。

● 所轄の税務署がわからないときは

　申請書、届出書の提出、問い合わせなどは、すべて住所地の所轄税務署に行います。住所地の所轄税務署がわからないときは、国税庁のホームページで調べることができます。

そうそう、ボクも税務署がどこにあるか知らなかった

　会社勤めの人などは、ふだん税務署の場所などを意識することがないでしょう。国税庁のホームページでは、自宅の郵便番号、住所、地図で所轄税務署を調べられるほか、所轄税務署の一覧から案内図や交通案内も見ることができます。

青色申告承認申請書の記入のポイント

　それでは、青色申告承認申請書の書き方を説明しておきましょう。183ページが申請書の書式です。

❶提出先
所轄税務署の署長宛てになっています。

❷提出日、❸納税地、❹氏名、❺生年月日
それぞれ入力します。納税地は、自宅の住所と電話番号です。

❻職業、❼屋号
　職業は、業種によって納める税金が変わることがあるので、よく調べてから入力しましょう p.200 。屋号は、なければ空欄にしておきます。

❽開始年、❾事業所の名称、❿事業所の所在地

　事業所の名称は屋号か、なければ空欄にします。所在地は、自宅兼事務所の場合は自宅の住所です。

⓫所得の種類

　フリーランス＆個人事業主の方は、ほとんどの場合、「事業所得」を選択することになります　p.20　。

⓬取り消しまたは取りやめの有無、⓭相続による事業承継の有無

　通常は「無」を選択します。

⓮簿記方法

　本書で紹介した方法で行うときは、「複式簿記」を選択します。

⓯備付帳簿名

「現金出納帳」「売掛帳」「経費帳」「預金出納帳」のほか、「債権債務記入帳」を選択してください。特定取引仕訳帳や特定勘定元帳がこれにあたります。

「所得税の青色申告承認申請書」の書き方

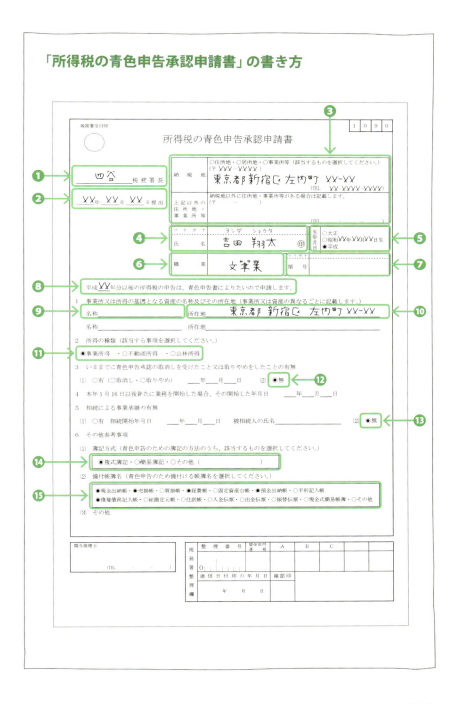

40 事業を始めるなら「個人事業の開業届出書」

新しく事業を始める人は、
税務署に開業の届出をすることになっています。
その場合にはこの届出書をつくって、
一緒に青色申告承認申請書を提出するようにしましょう。

開業した日から1カ月以内に提出

「個人事業の開業届出書」の提出期限は、開業日から1カ月以内です。

記入箇所は右のとおりですが、青色申告承認申請書と共通の欄が多いので、異なる点を説明しておきましょう。

❾提出の区分
「開業」をマルで囲んでおきます。

⓫開業・廃業等日、⓬事業の概要
開業した日を入力する欄です。事業の概要は、できるだけ具体的に記載します。

都道府県と市区町村にも申告をしておく

このほか、地方税納税のために都道府県と市区町村に提出する「事業開始等申告書」が必要です。こちらは地方自治体により異なるので、それぞれの税務事務所、税務課に問い合わせてください。

「個人事業の開業・廃業等届出書」の書き方

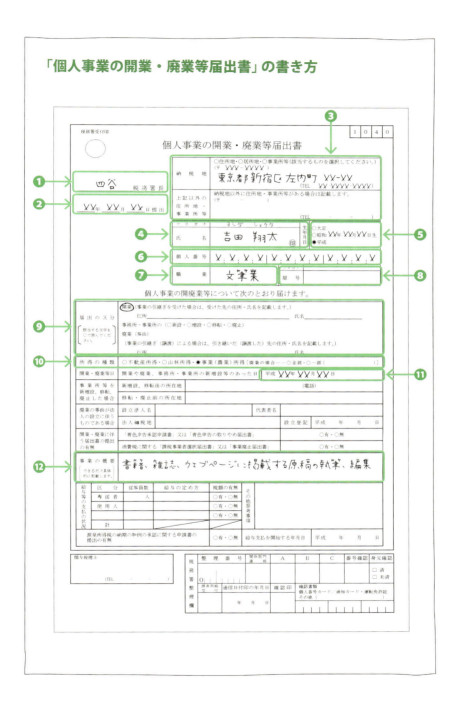

41 家族に給与を払うなら「青色事業専従者給与に関する届出書」

青色申告の特典のひとつに、
家族などを青色事業専従者として給料を支払い、
その給料を経費にできるというものがあります。
この特典を受けるのにも届出が必要です。

届出書の提出期限は承認申請書と同じ

　青色事業専従者給与に関する届出書の提出期限は、青色申告承認申請書と同じです p.180 。新しく専従者（せんじゅうしゃ）ができたときは、その日から2ヵ月以内に提出します。

● 青色事業専従者の条件

　家族などを青色事業専従者とするには、3つの条件を満たすことが必要です。
　①事業主と生計を一にする配偶者や親族、②その年の12月31日現在で15歳以上、③原則として年間6ヵ月超、事業に従事する。

● 届出書の記入のポイント

　記入箇所は、右のとおりです。青色申告承認申請書と異なる部分を説明しておきましょう。

❽支給開始月

　何年何月以後支給すると、定めたので届け出る旨を入力します。

❾青色事業専従者給与

　青色事業専従者の氏名、続柄、仕事の内容などのほか、給料や賞与の支給期、金額、基準、昇給まで細かく入力します。世間の給料の相場からかけ離れた過大な金額や、記入した額以上の支給は、経

「青色事業専従者給与に関する届出書」の書き方

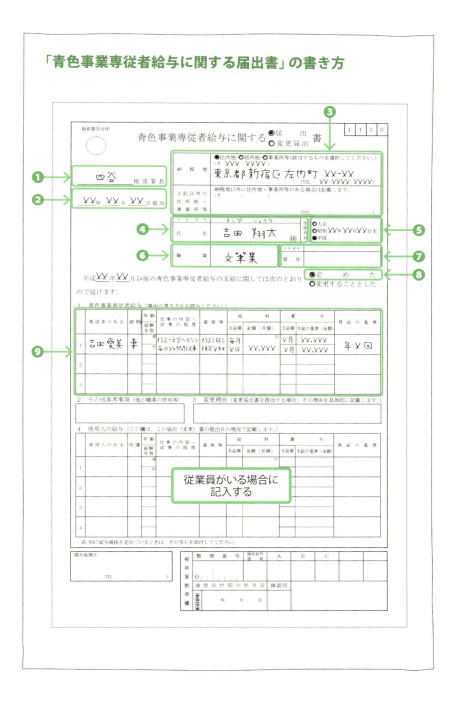

費として認められません。

また、金額や基準などを変更するときは、同じ書式で「変更届出書」を提出する必要があります。

青色事業専従者にするとデメリットもある

青色事業専従者にすると、その人の分の配偶者控除や扶養控除は受けられなくなります。また、支払う給与の額によっては、専従者にも所得税等が課税され、源泉徴収事務も必要です。

専従者給与を経費にできるのがトク、とは限らない？

節税効果を期待して、青色事業専従者給与の制度を利用するのであれば、どちらが節税になるのか、よくシミュレーションしてから決めたほうがよいでしょう。

EPILOGUE

「確定申告」をしましょう

42 確定申告、することはこんなこと………190

43 確定申告をした後にすること………198

44 フリーランス&個人事業主はこんな税金を納めます………200

42 確定申告、することはこんなこと

確定申告は、納める税金があれば納め、
還付してもらえる税金があれば還付してもらえるよう、
税金の計算をして
税務署に申告書を提出する手続きです。

確定申告で行うこととは

　確定申告は税務の手続きなので、本来は本書のテーマでありません。でも、決算の延長線上にあることなので、どんなことをするのかだけ、知っておきましょう。

　確定申告は、法人税などでも行いますが、フリーランス＆個人事業主が行うのは「所得税の確定申告」（正確には所得税および復興特別所得税）です。この確定申告では、1月1日から12月31日までに得た所得を計算・申告します。

 収支の内訳とか確定申告書を提出するんですよね

　白色申告の場合は「収支内訳書」、青色申告の場合は右のような「青色申告決算書」です。この決算書の内容から、194ページの「確定申告書」がつくれます。

　ですから確定申告で行うことは、第1に青色申告決算書の作成、第2に確定申告書の作成、そして第3に税務署への提出となります。

「青色申告決算書」を作成する

　そこでまず、青色申告決算書ですが、これは給料の支払いや減価償却費がない人なら、右ページ上半分の損益計算書と下側の月別売

これが「青色申告決算書」(1、2ページ)

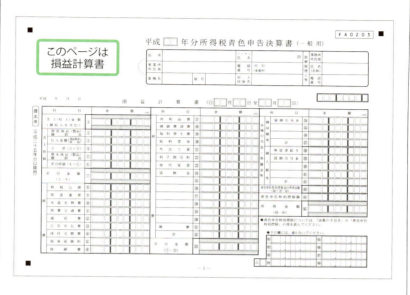

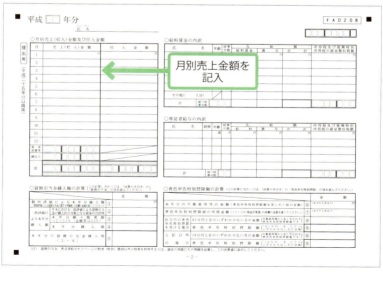

「確定申告」をしましょう

上金額、それに右ページの上側の地代家賃の内訳と下半分の貸借対照表が主な記入箇所です。

　これらは、STEP 5の決算で、すでに計算されていますから、実際には数字を書き写す作業になります。

　以上が、青色申告決算書の概要です。

 もうちょっと詳しく知りたいんですけど

　確定申告のしかたは、税制改正によって毎年、微妙に変わるのです。ですから、確定申告を専門に解説した本が毎年、いろいろ出版されています。そうした本を参考にするとよいでしょう。

　ここでは、本書と同じ出版社の本を2冊紹介しておきましょう。

Memo

確定申告の参考になる本

　このような確定申告を解説した本としては、『フリーランス＆個人事業主のための確定申告』（山本宏 監修／技術評論社）がおすすめです。税制改正に合わせて毎年、改訂されているので、間違いなくその年分の確定申告ができます。

　また、『フリーランス＆個人事業主　確定申告でお金を残す！元国税調査官のウラ技』（大村大次郎 著／技術評論社）は、手続きだけでなく節税のために、ふだんの経理処理や、見落としがちな経費なども解説してくれている本です。

これが「青色申告決算書」(3、4ページ)

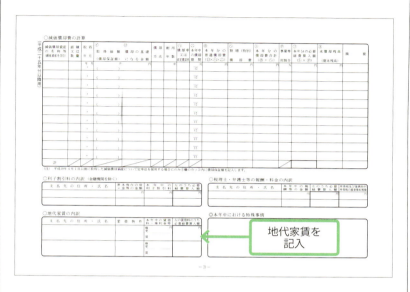

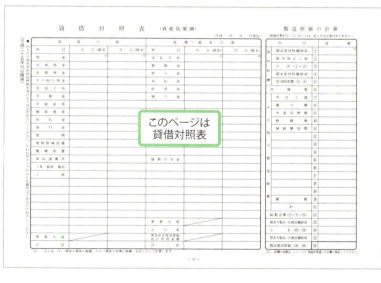

「確定申告書」を作成する

　一方、確定申告書にはAとB、2つの書式がありますが、フリーランス＆個人事業主の事業所得では右のBの書式を使います。Aは、会社員の人が住宅ローン控除を受ける場合などに使う書式です。

●「所得控除」は確定申告書に記入

　確定申告書Bには、青色申告決算書から書き写す金額もありますが、この確定申告書ではじめて計算するものもあります。
　それは、確定申告の段階ではじめて計算する「所得控除」というものがあるからです。
　所得控除では、所得を申告する個々人の事情に応じて所得を控除する、つまり税金を安くしてくれます。所得税は、所得の金額に税率を掛けて計算しますから、所得控除で所得の金額が減れば、税金も安くなるのです。

 ボクなんかは、どんな控除が受けられるかなあ？

　まず、誰でも受けられる「基礎控除（きそこうじょ）」があります。その次に代表的なものとしては、国民健康保険料と国民年金保険料の「社会保険料控除（しゃかいほけんりょうこうじょ）」でしょうか。
　人によっては、「医療費控除（いりょうひこうじょ）」や「生命保険料控除（せいめいほけんりょうこうじょ）」なども受けられるでしょう。そのほか、「寡婦（かふ）（寡夫（かふ））控除（こうじょ）」「勤労学生控除（きんろうがくせいこうじょ）」「障害者控除（しょうがいしゃこうじょ）」「配偶者控除（はいぐうしゃこうじょ）（配偶者特別控除（はいぐうしゃとくべつこうじょ））」「扶養控除（ふようこうじょ）」などがあります。

● 第一表と第二表の違いは

　これらは、確定申告書に記入して所得の金額から控除する計算をしますが、実はそれらの内容を記入するのは右の確定申告書第一表ではありません。

これが「所得税の確定申告書B」(第一表)

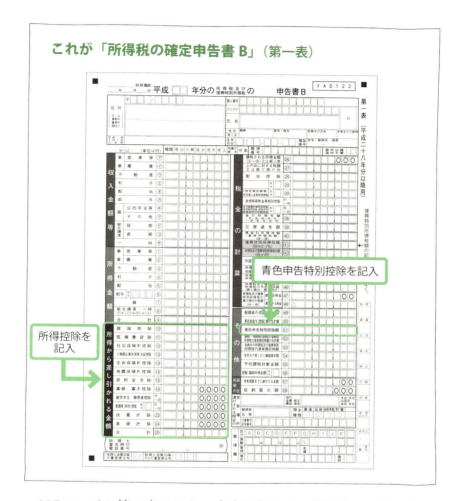

　197ページの第二表のほうに内容を記入する欄があり、第一表にはその結果の金額を記入するしくみです。

　ですから実際の記入をするときは、第二表から記入をしていって、その結果を第一表に書き写す手順になります。

　ただし、青色申告特別控除 p.26 は第一表に直接記入します。

● 源泉徴収税額も確定申告書に記入する

　確定申告書の第二表にはまた、源泉徴収税額の内容を記入する欄

もあります。所得控除と同じように、その合計金額を第一表に書き写すしくみです。

　ですから、第二表で源泉徴収税額の記入を忘れると、第一表にも記入されず、所得税を二重に納めることになってしまいます。注意しましょう。

　このほか第二表には、住民税(じゅうみんぜい)と事業税のための内容を記入する欄があります。住民税と事業税は、所得税の確定申告のデータから計算されて課税されるしくみですから 、ここに内容を記入しておけば、別途、申告する必要がありません。

用紙の入手・提出のしかたと電子申告

　これらの青色申告決算書と確定申告書の書式も、税制改正で微妙に変わることがありますから、必ずその年分の書式を手に入れて使うようにしましょう。

　用紙は税務署でもらうことができますが、国税庁のホームページで一式、ダウンロードすることもできます。

 へえー、ダウンロードでも手に入るんだ

　提出も、税務署に直接持っていくほか、郵送でも受け付けてもらえます。郵送の方法は、税務署に問い合わせると教えてもらえるはずです。

　でも税務署のおすすめは、実は「e-Tax」、つまり電子申告です。これだと、用紙を手に入れて記入する必要もなく、提出もインターネットを通して送信できます。

　特別にソフトをインストールしなくても、e-Taxのホームページの「確定申告書等作成コーナー」で作成から送信まで行うことが可能です。

　また、用紙による確定申告書の提出では源泉徴収票などの添付が

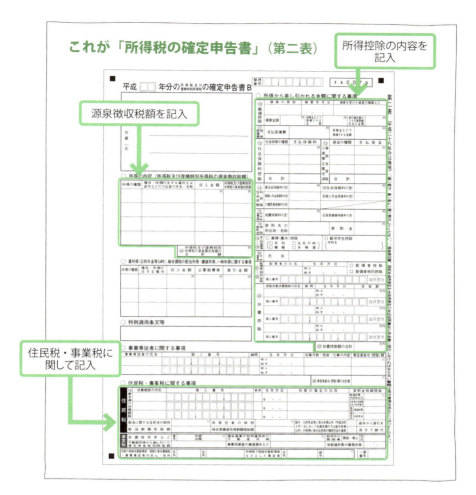

必要ですが、電子申告では省略できます。

　さらに、還付金がある場合は還付がスピーディになる、しかも税務署の窓口と違って24時間提出可能など、メリット満載です。

　マイナンバーカードや、PCとマイナンバーカードをつなぐカードリーダーなどの準備が必要ですが、ある程度PCとインターネットが使える人は、ぜひ電子申告を検討してみてはいかがでしょうか。

43 確定申告をした後にすること

確定申告が済んだら、納める税金があるときは納め、還付金があるときは振込みを待ちます。
その間に、保存の義務がある書類を整理して、保存しましょう。

納税するか還付金を待つ

納める所得税がある場合、納税の期限は確定申告の期限と同じ3月15日ごろです。

還付金がある場合は、3週間から1カ月程度で振り込まれます。

新しい年の元入金を計算する

ところで、確定申告をした後とは限らないのですが、新しい年の経理のためにひとつ、しておくことがあります。それは新しい年の元入金 p.149 の計算です。

 新しい年の元入金は、どうやって計算するんですか？

元入金は、期首の資産の総額から負債の総額を差し引いて求められますが、この本の方法では具体的には次のような式になります。

新しい年の元入金 ＝ 前の年の元入金 ＋ 青色申告特別控除前の所得 ＋ 事業主借 − 事業主貸 − 仮払源泉税

青色申告特別控除前の所得金額は、現実的には確定申告の中でわかるでしょうから、元入金の計算はその後で行うことになります。

帳簿や証憑を保存する

　一方、保存の義務がある書類 p.20 は7年間保存します。5年間の保存でよい書類もありますが、一緒に7年間保存してしまったほうが簡単です。

　Excelの帳簿は、必ずプリントアウトをとって保存します。電子データのまま保存することもできますが、別の届出が必要です。それよりも、プリントアウトのほうが簡単でしょう。

　領収書や請求書などは、ファイルごと保存してもいいですが、台紙にしている紙ごと取り出し、封筒などに保存してもかまいません。

　青色申告決算書と確定申告書には控えの用紙が附属しているので、写しをとって保存します。電子申告の場合でも、控えのプリントアウトが可能です。

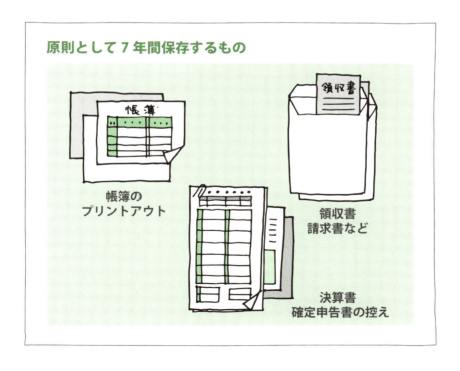

原則として7年間保存するもの

- 帳簿のプリントアウト
- 領収書・請求書など
- 決算書・確定申告書の控え

44 フリーランス&個人事業主はこんな税金を納めます

確定申告は、所得税(と復興特別所得税)の申告ですが、
これを行うことで住民税(個人住民税)と
事業税(個人事業税)も課税されます。
消費税の申告が必要な場合は、別途、確定申告が必要です。

 ## 所得税の確定申告で住民税と事業税が課税される

所得税は国の税金、国税ですが、住民税と事業税は地方税です。住民税には都道府県民税と市町村民税があり、事業税は都道府県税となっています。

いずれも、所得税の確定申告のデータが都道府県と市町村に送られ、それをもとに税額が計算されて納税通知書が送られてくるしくみです。

 ## 住民税には都道府県民税と市町村民税がある

住民税（個人住民税）は、事業を行っていなくても課税されます。ただ勤め人の方は、給料から天引き（特別徴収）されるので、ふだん意識しないだけです。

都道府県民税と市町村民税がありますが、納税は一度にできます。現在は東日本大震災に関する自治体の防災施策の財源として、計1,000円が加算されています。

● 事業税は法定70業種に課税される

一方、事業税（個人事業税）は、事業を行っているフリーランス&個人事業主に課税される税金です。税率はほとんどの業種で課税所得の5％ですが、「事業主控除」の290万円や、赤字の場合の繰越控除などがあるので、一定以上の所得がないと課税されません。

フリーランス＆個人事業主が納める税金

所得税 確定申告で所得があると課税される
（源泉所得税の残りがあると還付される）

住民税 確定申告で所得があると課税される
（納税通知書が送られてくる）

事業税 事業主控除の290万円などを差し引いても所得があると課税される（法定70業種以外は課税されない）

消費税 前々年の売上が1,000万円を超えていると課税される（それ以下や新規開業者は課税されない）

 じゃボクが課税されてないのは、所得が少ないせい？

　事業税にはまた、課税される法定業種というのが70種あって、ライターの文筆業はそれに含まれないためです。デザイナーさんのデザイン業は課税されます。

● 消費税は前々年の売上が1,000万円を超えると課税される

　消費税は、簡単にいうと前々年（基準年度）の売上が1,000万円を超えた場合に課税されます。所得税とは別に、確定申告を行わなければなりません。申告、納税の期限は、3月末日です。
　売上が1,000万円以下の場合は「免税事業者」となりますが、前年の前半（特定期間）の売上が1,000万円を超えると、課税事業者となるので、売上が急に増えた場合は注意が必要です。
　新規に事業を始めた場合は、基準期間と特定期間の売上がないので、自動的に免税事業者になります。

「そのつどすること」簡単マニュアル

現金の入出金があったら、そのつど帳簿に入力してしまうのが簡単です。次にPCの前に座ったときに、下記の手順に従って済ませましょう。慣れれば、1件の入力が1、2分で済みます。

領収書などがもらえない出金があったら

- 出金伝票に記入しておくる p.104 。

現金の入金があったら

- 入金伝票に記入しておく p.106 。

現金の入出金があったら

❶ 現金出納帳で直前の行をコピー＆貼り付けして、入力する行をつくる p.95 。
❷ 領収書や入金伝票、出金伝票を見ながら、貼り付けした行を編集・入力する p.95 。
❸ 「帳簿 Excel ブック」を上書き保存する p.99 。
❹ 現金出納帳で入力した行をコピーし、経費帳の入力したい行に貼り付けする p.90 。
❺ 「帳簿 Excel ブック」を上書き保存する p.99 。
❻ 領収書や入金伝票、出金伝票に丁数欄と同じナンバーを手書きする p.99 。
❼ 領収書や入金伝票、出金伝票を封筒などに保管する p.100 。

「ときどきすること」簡単マニュアル

預金の入出金は、ときどき帳簿に入力します。報酬の入金だったら、売掛帳か売上帳にコピー＆貼り付けすることも忘れずに。領収書などの整理も、このときついでに済ませましょう。

預金の入出金があったら

❶ 預金出納帳で直前の行をコピー＆貼り付けして、入力する行をつくる p.110 。
❷ 預金通帳を見ながら、貼り付けした行を編集・入力する p.110 。
❸ 「帳簿 Excel ブック」を上書き保存する p.113 。
❹ 現金出納帳で入力した行をコピーし、経費帳の入力したい行に貼り付けする p.111 。
❺ 経費帳で月日の並べ替え、不要な数字のクリアをする p.114 。
❻ 「帳簿 Excel ブック」を上書き保存する p.113 。

売掛金・売上が入金していたら

❼ 売掛帳、売上帳で直前の行をコピー＆貼り付けして、入力する行をつくる p.120 。
❽ 預金出納帳で摘要欄をコピーし、売掛帳・売上帳に貼り付けする p.120 。預金出納帳で売掛金・売上の金額をコピーし、売掛帳・売上帳に「値」で貼り付けする p.120 。
❾ 売掛帳の場合は、仮払源泉税を計算して入力する p.121 。
❿ 請求書のない売上は、振替伝票に記入しておく p.127 。
⓫ 「帳簿 Excel ブック」を上書き保存する p.113 。

ついでに領収書などを整理

⓬ 領収書や請求書などを紙に貼って、ファイルに保管する p.128 。

索 引

帳簿別索引

売上帳
　—— つくり方 ………………………………… 76
　—— 預金出納帳からコピーのしかた ……… 125

売掛帳
　—— 売上の入力のしかた ………………… 126
　—— つくり方 ………………………………… 74
　—— 預金出納帳からコピーのしかた ……… 120

経費帳
　—— 現金出納帳からコピーのしかた … 90, 99
　—— 特定取引仕訳帳からコピーのしかた … 151, 158
　—— つくり方 ……………………………… 48, 72
　—— 預金出納帳からコピーのしかた … 111, 114

現金出納帳
　—— 出金の入力のしかた …………………… 96
　—— 帳簿の締切り ………………………… 136
　—— つくり方 ……………………………… 48, 68
　—— 入金の入力のしかた ………………… 106

特定勘定元帳
　—— つくり方 ……………………………… 141
　—— 特定取引仕訳帳からコピーのしかた …… 152, 158
　—— 入力のしかた ………………………… 144

特定取引仕訳帳
　—— つくり方 ……………………………… 140
　—— 入力のしかた ……………………… 150, 157

預金出納帳
　—— 出金の入力のしかた ………………… 110
　—— 帳簿の締切り ………………………… 136
　—— つくり方 ……………………………… 48, 71
　—— 入金の入力のしかた …………… 116, 124

項目別索引

合計
　—— 売上帳 ………………………………… 137
　—— 売掛帳 ……………………… 76, 117, 137
　—— 経費帳 ………………………………… 160
　—— 現金出納帳 …………………………… 136
　—— 特定勘定元帳 ………………………… 162
　—— 預金出納帳 …………………………… 137

残高
　—— 経費帳 …………………………… 73, 115
　—— 現金出納帳 ……………………… 69, 98
　—— 預金出納帳 ……………………… 71, 111

前年より繰越
　—— 売上帳 ………………………………… 124
　—— 売掛帳 ………………………………… 117
　—— 経費帳 …………………………………… 90
　—— 現金出納帳 …………………………… 88
　—— 預金出納帳 …………………………… 110

用語索引

あ行

青色事業専従者 …… 27, 139, 186
青色事業専従者給与に関する届出書 …… 186
青色申告 …… 9, 20, 26, 28, 30, 44, 51, 180, 186, 190
青色申告決算書 …… 27, 68, 70, 138, 143, 150, 165, 172, 190, 199
青色申告者 …… 28
青色申告承認申請書 …… 30, 180, 181, 184, 186
青色申告特別控除 …… 26, 28, 29, 149, 195, 198
預り金 …… 35, 36, 61
預け金 …… 100
医療費控除 …… 194
受入金額 …… 75, 120, 122, 125
売上 …… 24, 50, 74, 82, 93, 116, 124, 138, 144, 170, 201
売上金額 …… 24, 75, 117, 121, 138, 143, 170
売上原価 …… 24, 34, 143
売上帳 …… 40, 53, 63, 74, 116, 124, 137, 148, 162, 170
売掛金 …… 24, 47, 53, 77, 93, 116, 120, 145, 147, 168
売掛金回収 …… 50, 53, 93, 116, 120, 123, 124
売掛帳 …… 21, 33, 47, 63, 74, 116, 120, 137, 168, 182

か行

買掛け …… 34
会議費 …… 60
外注工賃 …… 36, 61
確定申告 …… 20, 38, 56, 75, 132, 148, 180, 190, 192, 200
確定申告書 …… 68, 190, 194, 195, 196, 199
確定申告書等作成コーナー …… 196
家事按分 …… 41, 42, 57, 83, 156, 157
貸方 …… 31, 44, 84, 113, 141, 145, 151, 163, 170
貸倒金 …… 70, 147
貸倒引当金 …… 27, 171
貸倒引当金繰入額 …… 171
貸倒引当金繰戻額 …… 171
家事分 …… 41, 133, 156, 157, 158, 159, 160, 161, 171
借入金 …… 161
借方 …… 31, 44, 84, 141, 151, 157, 163, 164, 170, 176
仮払金 …… 100
仮払源泉税 …… 57, 75, 117, 121, 145, 148, 149, 164, 169, 198
簡易帳簿 …… 9, 28, 29, 31, 32, 44, 46
勘定科目 …… 46, 58, 62, 75, 84, 100, 142, 157, 161, 171
勘定式 …… 176
還付金 …… 22, 56, 197, 198
還付申告 …… 135
期首商品棚卸高 …… 143
期首製品棚卸高 …… 143
基礎控除 …… 194
期中現金主義 …… 52, 74, 144
記帳と保存の義務 …… 21
期末商品棚卸高 …… 143
期末製品棚卸高 …… 143
期末発生主義 …… 52, 53
給料賃金 …… 35, 56, 70, 139
勤労学生控除 …… 194
クレジットカード …… 51, 85, 112, 113
経費 …… 20, 58, 62, 70, 83, 92, 111, 139, 156, 171
経費計 …… 49, 64, 73, 96, 111
経費帳 …… 21, 34, 48, 72, 90, 92, 114, 125, 151, 182
経理 …… 8, 20, 38, 52, 61, 82, 100, 142, 192, 198
決算 …… 21, 31, 41, 57, 132, 134, 162, 172, 178, 190
決算書 …… 31, 42, 70, 100, 134, 162, 172, 176, 190
決算整理 …… 132, 134, 150
原価計算 …… 143
減価償却 …… 9, 27, 32, 65, 132

205

索　引

減価償却費 …………………………… 32, 65, 190
現金 ………… 21, 38, 51, 82, 84, 88, 96, 106, 113, 165
現金預入れ ……………………………… 54, 64, 93
現金主義 ………………………………… 50, 51, 52
現金出納帳
　………21, 33, 70, 84, 90, 111, 136, 151, 171, 202
源泉徴収 …… 9, 21, 35, 42, 57, 61, 75, 139, 148, 188
源泉徴収税額 ………………… 126, 195, 196, 197
広告宣伝費 ……………………………… 62, 63, 70
更正の請求 ……………………………………… 135
交通系ICカード ………………………… 85, 100
個人事業の開業届出書 ………………………… 184
固定資産 …………… 24, 27, 32, 33, 58, 65, 132, 165

さ 行

在庫 …………………… 24, 34, 58, 132, 142, 165
雑費 ……………………………… 59, 70, 97, 169, 170
残高 ………… 49, 69, 73, 85, 88, 98, 102, 115, 136, 168
事業開始等申告書 ……………………………… 184
事業所得 ………………………… 20, 56, 182, 194
事業税 ……………………… 62, 63, 196, 200, 201
事業主貸 …… 54, 57, 64, 84, 112, 144, 148, 149, 158, 164
事業主借 … 54, 84, 106, 113, 144, 146, 149, 164, 198
試算表 … 42, 92, 134, 162, 164, 169, 170, 171, 172, 176
試算表のつくり方 ……………………………… 165
地代家賃 ……………………… 59, 70, 83, 156, 192
自宅兼事務所 …………………………… 41, 156, 182
実現主義 …………………………………………… 53
実地棚卸 ………………………………………… 142
支払手数料 ……………………………… 63, 75, 117
4半期決算 ……………………………………… 178
事務用消耗品費 ………………………………… 60
事務用品費 ……………………………………… 60
社会保険料控除 ………………………………… 194
収支内訳書 ……………………………………… 190

修繕費 …………………………………………… 65, 70
住民税 …………………………………… 196, 200
重要性の原則 ………………… 100, 101, 111, 112
出金計 ………………………… 49, 97, 98, 107, 111
出金伝票 ………… 80, 94, 104, 105, 106, 113, 202
純損失の繰越しと繰戻し ………………………… 26
障害者控除 ……………………………………… 194
少額減価償却資産(30万円未満)の経費参入 ……… 27
消費税 …………………………………… 36, 200, 201
消費税の課税事業者 ……………………………… 36
消耗品費 …………………………… 46, 59, 60, 70
所轄税務署 ………………………………… 30, 181
諸口 ……………………………………… 54, 55, 64
所得 ……… 8, 25, 26, 173, 174, 182, 190, 194, 200, 201
所得金額 …………………… 149, 174, 176, 198
所得控除 …………………………… 22, 194, 196
所得税 …… 20, 26, 56, 61, 75, 121, 194, 196, 198, 200
所得税の青色申告承認申請書 …………… 30, 180
所得税の確定申告 …………………… 190, 196, 200
白色申告 ……………… 9, 20, 21, 23, 26, 29, 30, 190
仕訳 ……… 31, 44, 47, 75, 82, 84, 113, 134, 140, 150
仕訳帳 ……………… 42, 44, 46, 134, 140, 151, 162
新聞図書費 …………………………… 59, 60, 96, 101
水道光熱費
　……… 41, 57, 59, 70, 83, 94, 97, 156, 160, 169
生活費 …………………………… 56, 57, 112, 161
正規の簿記の原則 ………………… 28, 29, 44, 45, 46
製品製造原価 ………………………………… 143
生命保険料控除 ………………………………… 194
接待交際費 ………………………… 62, 63, 70, 104
専従者給与 ……………………………… 139, 188
前年より繰越
　…… 88, 99, 110, 117, 119, 120, 124, 136, 146, 169
総勘定元帳 ……………………… 44, 46, 69, 141, 151
租税公課 …………………………… 62, 63, 65, 70

206

「そのつど」すること …………………… 38, 39, 41
損益計算書 ……………………………………
　　… 21, 31, 42, 70, 134, 162, 172, 173, 174, 176, 190
損害保険料 …………………………………… 65, 70

た 行

貸借対照表 ……………………………………
　　…… 21, 31, 42, 134, 161, 162, 172, 174, 176, 192
多桁式現金出納帳 ……………………… 48, 49
棚卸 ……………………………… 9, 34, 132, 142, 143
棚卸資産 ……………………………………… 142
棚卸表 ………………………………………… 142
短期前払費用 ……………………………… 102, 103
丁数 ……………………… 68, 69, 88, 39, 96, 99, 110, 120
帳簿・書類の保存期間 …………………………… 21
帳簿の「締切り」……………………………… 136
賃借料 ……………………………………………… 33
通信費 …… 24, 59, 62, 83, 94, 151, 154, 155, 156, 158
月次決算 ……………………………………… 178
月別の売上 ………………………………… 137, 138
手形取引 …………………………………………… 34
摘要 …… 44, 68, 74, 124, 136, 141, 151, 157, 162, 164
転記 …………………… 84, 113, 151, 152, 154, 158, 159
電子申告 ………………………………… 196, 197, 199
「ときどき」すること ……………… 38, 39, 40, 41, 130
特定勘定元帳 …………………………………
　　… 33, 46, 84, 134, 141, 150, 162, 164, 169, 182
特定取引仕訳帳 ………………………………
　　… 29, 42, 84, 113, 134, 140, 150, 157, 162, 182

な 行

荷造運賃 ……………………………… 62, 63, 70
入金計 ……………………… 49, 97, 98, 106, 107, 111
入金伝票 ……………………………… 80, 106, 113, 202
年に一度、決算ですること …………………… 41

は 行

配偶者控除（配偶者特別控除）………… 188, 194
発生主義 ……………………… 50, 51, 52, 53, 126
半期決算 ……………………………………… 178
必要経費 ……………………………………… 58
複式簿記 … 28, 31, 44, 46, 140, 141, 151, 172, 173, 182
福利厚生費 ……………………………… 70, 139
普通預金の利息 ……………………………… 56
扶養控除 ………………………………… 188, 194
振替伝票 ………………………… 80, 127, 130, 203
振込手数料 …………………………………… 63, 75
プリペイドカード ……………………………… 85, 100
報告式 ………………………………………… 176

ま 行

未払金 … 43, 150, 152, 153, 154, 155, 161, 164, 169
元入金 … 55, 82, 92, 115, 119, 144, 146, 149, 169, 198

や 行

預金預入れ …………………………… 54, 64, 93
預金出納帳 …………………………………
　　… 29, 48, 82, 92, 110, 120, 140, 150, 168, 182, 203
預金通帳 ……………………………………
　　… 21, 39, 40, 82, 83, 106, 110, 113, 116, 168, 203

ら 行

リース料 ……………………………………… 33, 60
利子割引料 …………………………………… 70, 161
領収書 ………………………………………
　　… 21, 69, 78, 88, 94, 103, 104, 110, 128, 199, 202
領収書保管 …………………………………… 128
利用履歴 ……………………………………… 103
旅費交通費 ………… 24, 59, 70, 81, 100, 101, 103
レシート ………………………………………
　　…… 38, 40, 85, 94, 95, 96, 104, 110, 128, 130

207

著者紹介

和田 茂夫（わだ・しげお）

1954年、埼玉県出身。明治大学文学部卒業。フリーランスのライター、書籍編集者。

出版社で書籍編集、パソコン誌編集などを経て、フリーランスとして独立、現在に至る。会社勤めの経験を活かしたビジネス仕事術、PCスキルが専門。著書に『仕事と人生がシンプルになる！手帳とノート魔法の活用術』（技術評論社）、『図解でわかるフィンテック　いちばん最初に読む本』（アニモ出版）など多数。

自らもフリーランスとして経理で苦労しており、「なんとかしたい」「誰でもできる方法を見つけたい」と考えていた。本書では監修者の指導のもと、自ら青色申告の記帳に挑戦した経験を本にまとめている。

監修者紹介

久保 豊子（くぼ・とよこ）

三重県出身。一橋大学商学部卒業（原価計算、管理会計専攻）。公認会計士、税理士。米国公認会計士試験合格。

大手監査法人、個人共同事務所を経て、久保公認会計士事務所を設立。公認会計士協会理事、文部科学省「教科用図書検定審議会」委員、大蔵省「新しい金融の流れをつくる懇談会」メンバーなどを歴任。現東京都審議会委員。

著書に『図解でわかる原価計算　いちばん最初に読む本』（アニモ出版）、『これだけは知っておきたい「会社の経理」の基本と常識』（フォレスト出版）など多数。難しい経理をやさしく説明する平易な語り口には定評がある。

フリーランス&個人事業主
いちばんラクする！経理のさばき方

2017年10月27日　初版　第1刷発行

著　者	和田　茂夫	
監修者	久保　豊子	
発行者	片岡　巌	
発行所	株式会社技術評論社	
	東京都新宿区市谷左内町 21-13	
	電話　03-3513-6150　販売促進部	
	03-3513-6166　書籍編集部	
印刷／製本	昭和情報プロセス株式会社	

定価はカバーに表示してあります。

本書の一部または全部を著作権法の定める範囲を超え、無断で複写、複製、転載、テープ化、ファイルに落とすことを禁じます。

© 2017　Shigeo Wada, Toyoko Kubo

造本には細心の注意を払っておりますが、万一、乱丁（ページの乱れ）や落丁（ページの抜け）がございましたら、小社販売促進部までお送りください。送料小社負担にてお取り替えいたします。

ISBN978-4-7741-9287-1 C2034
Printed in Japan

カバーデザイン■木内　豊
本文デザイン+レイアウト■矢野のり子+島津デザイン事務所
イラストレーション■中山成子

本書の運用は、ご自身の判断でなさるようお願いいたします。本書の情報に基づいて被ったいかなる損害についても、著者・監修者および技術評論社は一切の責任を負いません。
本書の内容に関するご質問は封書もしくはFAXでお願いいたします。弊社のウェブサイト上にも質問用のフォームを用意しております。
本書の内容を超えるご質問や、個別の経理、会計、税務に関するご相談にはお答えすることができません。あらかじめご了承ください。

〒162-0846
東京都新宿区市谷左内町 21-13
（株）技術評論社　書籍編集部
『フリーランス&個人事業主
いちばんラクする！
　　　経理のさばき方』質問係
FAX…03-3513-6183
Web…http://gihyo.jp/book/2017/978-4-7741-9287-1